MARCO POLO

# DÜSSELDORF

**Reiseführer mit Insider-Tips**



*Fünf Symbole sollen Ihnen die Orientierung in diesem Führer erleichtern:*

★

*für Marco Polo Tips – die besten in jeder Kategorie*

*für alle Objekte, bei denen Sie auch eine schöne Aussicht haben*

*für Plätze, wo Sie bestimmt viele Einheimische treffen*

*für Treffpunkte für junge Leute*

(A1)
*Koordinaten für den Stadtplan*
*(O) Außerhalb des Kartenbereichs*

*Diesen Führer schrieb Doris Mendlewitsch.*
*Sie lebt und arbeitet als freie Lektorin und Autorin in Düsseldorf.*
*Die Marco Polo Reihe wird herausgegeben von Ferdinand Ranft.*

MAIRS GEOGRAPHISCHER VERLAG

# MARCO POLO

*Für Ihre nächste Reise gibt es folgende Titel dieser Reihe:*

Ägypten • Algarve • Amrum / Föhr • Amsterdam • Andalusien • Antarktis • Argentinien / Buenos Aires • Athen • Australien • Bali / Java • Baltikum • Bangkok • Barcelona • Bayerischer Wald • Berlin • Bodensee • Brasilien / Rio • Bretagne • Brüssel • Budapest • Bulgarien • Burgenland • Burgund • Capri • China • Costa Brava • Côte d'Azur • Dänemark • Deutschland Ost • Dominikanische Republik • Dresden • Düsseldorf • Elba • Elsaß • England • Euro Disney • Feuerland / Patagonien • Finnland • Flandern • Florenz • Florida • Frankfurt • Frankreich • Frz. Atlantikküste • Fuerteventura • Galicien • Gardasee • Gran Canaria • Griechenland • Griech.Inseln / Ägäis • Hamburg • Harz • Hawaii • Heidelberg • Holland • Hongkong • Ibiza / Formentera • Indien • Ionische Inseln • Irland • Ischia • Island • Israel • Istanbul • Italien • Italien Nord • Italien Süd • Ital. Adria • Ital. Riviera • Japan • Jemen • Jerusalem • Kalifornien • Kanada • Karibik: Gr. Antillen • Karibik: Kl. Antillen • Kärnten • Kenia • Köln • Korsika • Kreta • Lanzarote • La Palma • Leipzig • Lissabon • Loire-Tal • London • Madeira • Madrid • Malediven • Mallorca • Malta • Marokko • Mauritius • Mecklenburger Seenplatte • Mexiko • Moskau • München • Nepal • Neuseeland • New York • Norwegen • Oberbayern • Oberital. Seen • Österreich • Ostfriesische Inseln • Ostseeküste: Schlesw.-Holst. • Ostseeküste: Mecklbg.-Vorp. • Paris • Peking • Polen • Portugal • Potsdam • Prag • Provence • Rhodos • Rom • Rügen • Rumänien • Rußland • Salzburg / Salzkammergut • San Francisco • Sardinien • Schottland • Schwarzwald • Schweden • Schweiz • Sizilien • Spanien • Spreewald / Lausitz • Sri Lanka • St. Petersburg • Südafrika • Südengland • Südsee • Südtirol • Sylt • Taiwan • Teneriffa • Tessin • Thailand • Thüringen • Tirol • Tokio • Toskana • Tschechische Rep. / Slowakische Rep. • Tunesien • Türkei • Türk. Mittelmeerküste • Ungarn • USA • USA: Neuengland • USA Ost • USA Südstaaten • USA West • Venedig • Weimar • Wien • Zypern • Die 30 tollsten Ziele in Europa •

*Die Marco Polo Redaktion freut sich, wenn Sie ihr schreiben:*
*Marco Polo Redaktion, Mairs Geographischer Verlag*
*Postfach 31 51, D-73751 Ostfildern*



*Titelbild: Schloßturm, St. Lambertus (Transglobe/Irrgang)*
*Fotos: Heinrichs (Umschlagklappe vorn, 4, 12, 18, 24, 34, 41, 48, 56, 64, 67, 70, 76, 80, 87); Lade/Hardt (58); Lade/S. K. (44); Lade/Kaki (7); Lade/Ott (22, 96); Mauritius/Ligges (15); Mauritius/Otto (31); Mauritius/Rossenbach (33); Schuster/Pato (10); Sperber (63); Transglobe/Irrgang (25)*


*Gestaltung: Thienhaus/Wippermann (Büro Hamburg)*
*Kartographie: Mairs Geographischer Verlag, Verkehrsverbund Rhein Ruhr GmbH*



*Printed in Germany*
*Gedruckt auf 100% chlorfrei gebleichtem Papier*

# INHALT

# Entdecken Sie Düsseldorf!

*Kunst, Kommerz und rheinische Fröhlichkeit – eine weltoffene, mondäne und trotzdem gemütliche Stadt lädt ein, sich wohlzufühlen*

»C'est petit Paris!« – soll ein berühmter Bewunderer Düsseldorfs beim Anblick der Stadt ausgerufen haben. Napoleon, von dem hier die Rede ist, mußte es schließlich wissen. Im historisch strengen Sinne ist dieser Satz zwar nicht verbürgt, aber da auch noch niemand schlüssig nachgewiesen hat, daß er erfunden wäre, wird er gern und häufig als bündige Charakteristik noch heute ins Feld geführt. Und warum auch nicht? Eine gewisse Leichtlebigkeit und der ausgeprägte Sinn für Genuß kommen dem Pariser Savoir vivre doch nahe. Und daß der schmeichelhafte Vergleich ziemlich hochgegriffen ist – das gefällt den Düsseldorfern daran besonders.

Diese Neigung zu großsprecherischem Selbstbewußtsein sowie die überaus hohe Wertschätzung der angenehmen Seiten des Lebens mögen aus der Ferne und auf den ersten Blick manchen abstoßen. Doch lassen Sie sich nicht täuschen: Hinter der häufig übertriebenen Schau stecken zumeist ein freundliches Wesen, ein ausgeprägter Sinn für Humor und eine geradezu ansteckende rheinische Fröhlichkeit. Was oft wie Genußsucht aussieht, ist in Wahrheit eine warmherzige Lebensfreude, die sich im Feiern, im großzügigen Geldausgeben und in großen Auftritten äußert – im »Spaß an der Freud« eben, wie der Wahlspruch der Düsseldorfer lautet.

Nicht zuletzt die Modemacher profitieren von diesem Umstand. International geschätzte Couturiers wie Dolf Selbach, Toni Gard, Uta Raasch, Ursula Conzen, Beatrice Hympendahl und andere entwerfen hier die Mode, die die Damen und Herren der gehobenen Kreise zu schätzen und zu zahlen wissen. Das beweisen auch die mittlerweile sechsmal jährlich stattfindenden Modemessen; in der Innenstadt sieht man dann noch mehr stark geschminkte und stark duftende Schönheiten als sonst schon.

Und deren gibt es reichlich. Bummeln Sie einmal an einem warmen Sommernachmittag die

*Rathaus mit Reiterstandbild des Kurfürsten Jan Wellem*

Prachtstraße Düsseldorfs, die Königsallee, entlang, vorbei an den Fassaden des Luxus und der Eitelkeiten, und trinken Sie in einem der zahlreichen Cafés, deren Tische zu dieser Jahreszeit auf der Straße stehen, damit man noch besser sieht und gesehen wird, einen Espresso. So bekommen Sie schon einen ersten Einblick in den Charakter der Stadt.

Doch für die Düsseldorfer besteht Lebensqualität nicht nur im Schick-Sein, sie haben auch durchaus Sinn für deftige Vergnügen. Eine Gaudi, die zu Düsseldorfs Ruhm beiträgt, ist der Karneval: Ende Februar/Anfang März steht die Stadt für ein langes Wochenende kopf. Von Altweiberfastnacht (dem Karnevalsdonnerstag) bis zum folgenden Dienstag werden Unmengen von Altbier getrunken, und die »Jecken« feiern und tanzen ohne Unterlaß in originellen, prächtigen oder albernen Kostümen, behängt mit Luftschlangen und betupft von Konfetti auf den Straßen und in den Kneipen. Höhepunkt ist der Rosenmontag mit dem großen Karnevalszug durch die Innenstadt. Eine mindestens genauso ausgelassene Stimmung herrscht an einem ganz anderen Ort, und das nicht nur einmal im Jahr: im Eisstadion an der Brehmstraße, wenn die Düsseldorfer Eishockeymannschaft DEG spielt. 1966/67 holte die DEG überraschend erstmals den Meistertitel; seit 1990 heimste sie den Titel in Serie ein. Die DEG-Spiele und der Besuch eines solchen sind gesellschaftliche Ereignisse geworden, die auch Sportmuffel in Wallung bringen: Mit Wunderkerzen und Chören, die die einheimischen Spieler anfeuern und die gegnerischen entmutigen sollen, steigern sich die Düsseldorfer in einen wahren Begeisterungstaumel, der aber immer friedlich bleibt.

Selbst in entferntesten Flecken der Welt ist ein Düsseldorfer Stadtteil ein Begriff: die Altstadt, die »längste Theke der Welt«. Rund 260 Kneipen und Bars drängen sich hier auf relativ kleinem Raum und bieten für jeden Geschmack das Passende. Traditionelle Brauhäuser sind direkte Nachbarn von Studentenkneipen und Musikbars, Pizzerien und Hähnchengrills, Diskotheken, irischen Pubs und Intellektuellentreffs.

Doch die Altstadt besteht nicht nur aus Stätten feucht-fröhlicher Unterhaltung; günstig verteilt befinden sich hier auch die Kunstakademie, die Kunstsammlung Nordrhein-Westfalen mit einem bedeutenden Bestand moderner Kunst, das Hetjens-Museum, einziges Spezialmuseum in Deutschland für Keramik aller Kulturen und Zeiten, das Heinrich-Heine-Institut oder das Filmmuseum.

Also alles nah beieinander: Das zeigt deutlich, daß nicht nur das »Paris« aus dem Napoleonschen Satz stimmt, sondern auch das »klein«. Düsseldorf ist weder groß noch ruhmreich noch besonders alt, jedenfalls im Vergleich zu anderen bedeutenden deutschen Städten; eine ständig schmerzende Wunde vor allem im Verhältnis zur Nachbarstadt Köln, der ewigen Konkurrentin. Gegen deren Größe von rund 1 Million Einwohnern so wie deren ehrwürdiges Alter von 2000 Jahren fallen die 570 000 Düssel-

*Ein Musterbeispiel moderner Architektur: der Landtag*

dorfer und die 700 Jahre hiesige Stadtgeschichte kaum ins Gewicht. Sogar daß Düsseldorf im Jahr 1288 eine Stadt wurde, hängt mit Köln zusammen: Weil die Düsseldorfer wacker in der Schlacht bei Köln-Worringen mitkämpften, erhob der Graf von Berg zum Dank, besser gesagt zum Ausbau seiner machtpolitischen Interessen, den günstig zwischen dem Rhein und der Ost-West-Handelsstraße, dem Hellweg, gelegenen Ort zur Stadt. Das änderte aber nichts daran, daß Düsseldorf weiterhin ein winziges, verschlafenes Dorf blieb. Bis der sogenannte zweite Stadtgründer, Herzog Wilhelm von Berg, Ende des 14. Jahrhunderts für das kleine Nest einen großen Reliquienschatz anschaffte und Düsseldorf so einen guten Platz im Kreise der sieben wichtigsten Wallfahrtsorte des Rheinlandes sicherte. Neben der religiösen Ehre bedeutete das natürlich auch eine erkleckliche Einkommensquelle für Gastwirte, Herbergsleute und manch anderes Gewerbe. Von dieser Vergangenheit als Pilgerort wissen heute selbst viele Düsseldorfer nichts mehr, obwohl sie eins der beliebtesten Feste der Stadt, die große Kirmes im Juli auf den Oberkasseler Rheinwiesen, dem Tag des Stadtheiligen Apollinaris verdanken.

Nicht zu unterschätzen im Selbstbewußtsein der Bürger ist auch Düsseldorfs Rolle als Hauptstadt des Landes Nordrhein-Westfalen, wenngleich im Alltag wenig Aufhebens davon gemacht wird. Das schöne neue Landtagsgebäude am Rhein ist das markanteste materielle Zeichen dieser Ehre. Der Ministerpräsident residiert in einem dagegen eher unauffällig wirkenden neoklassizistischen Bau. Da die Staatskanzlei vom benachbarten Verwaltungsgebäude der Mannesmann AG optisch schier erdrückt wird, kursiert das hämische Wort, sie wirke wie das Pförtnerhaus des Konzerns.

Solche sympathischen Respektlosigkeiten, die in München beispielsweise undenkbar wären, hängen auch damit zusammen, daß Düsseldorf eine kontinuierliche Entwicklung als fürstliche Hauptstadt, wie etwa Dresden oder Berlin sie erlebt haben, nicht beschieden war. Immerhin hat es ein paar goldene Perioden gegeben.

Der bei den Düsseldorfern heute noch mit Abstand beliebteste Herrscher war Kurfürst Johann Wilhelm, der sich als Jan Wellem im Gedächnis der Bürger verewigt hat. Politisch war er wenig erfolgreich, die meisten seiner hochfliegenden Pläne kamen über den Entwurf nicht hinaus. Bezeichnenderweise lieben ihn die Düsseldorfer trotzdem: Was hat er ihnen für schöne Zeiten beschert! Nichts, aber auch gar nichts wurde ohne Pomp und Zeremoniell und große Feiern gemacht; die Künstler Europas kamen nach Düsseldorf, weil es hier reichlich zu tun gab und man in Jan Wellem und seiner zweiten Frau, Anna Maria Louisa Medici, spendable Gönner fand. Prunkstück und Lieblingskind des Fürsten war seine bedeutende Kunstsammlung, zu der auch über vierzig Gemälde von Peter Paul Rubens gehörten; sie war für lange Zeit eine weltweite Attraktion in der bergischen Hauptstadt. Doch der große Glanz wurde durch immense Kredite finanziert; mit Jan Wellems Tod im Jahr 1716 gingen die Lichter in Düsseldorf aus, und zwar ganz wörtlich: Die Straßenbeleuchtung – 383 Laternen, einige mehr als im damaligen Paris – mußte aus Kostengründen wieder eingestellt werden.

Düsseldorf blieb seitdem, abgesehen von dem kurzen Zwischenspiel als Hauptstadt des Großherzogtums Berg, die es von Napoleons Gnaden sein durfte, klein und nicht besonders bedeutend. Als die Preußen an den Rhein kommen, leben in Düsseldorf gerade 20 000 Menschen, Handel und Gewerbe sind alles andere als blühend. Von der straffen preußischen und protestantischen Beamten- und Militärgesellschaft sind die eher leichtlebigen katholischen Düsseldorfer zunächst wenig begeistert. Um so rasanter mutet bei dieser Zurückhaltung dann die Entwicklung zur Kunststadt an. Die von Kurfürst Karl Theodor im 18. Jahrhundert gegründete Kurfürstliche Akademie wird ab 1819 Königlich preußische Kunstakademie. Erster Direktor ist Peter Cornelius, 1826 gefolgt von Wilhelm von Schadow, dem eigentlichen Begründer der Düsseldorfer Malerschule. Sein Ruhm und der seiner Schüler strahlen bald so hell, daß es auch viele bedeutende Künstler anderer Sparten nach Düsseldorf zieht, u.a. den Bühnenreformer Karl Immermann, Felix Mendelssohn Bartholdy, der die rheinischen Musikfeste gründet, und Robert und Clara Schumann. Kunst, Musik, Theater spielen eine enorme Rolle, und das nicht nur bei den Künstlern selbst, sondern auch bei den Bürgern.

Viel von diesem Flair hat sich bis in unser Jahrhundert erhalten und Düsseldorfs Ruf als Kulturstadt gefestigt. 1905 gründeten Louise Dumont, eine gefeierte Ibsen-Darstellerin, und Gustav Lindemann das Düsseldorfer Schauspielhaus. Ihr begabtester Schüler war Gustaf Gründgens, der von 1947 bis 1955 als Intendant des neuen Schauspielhauses wirkte und Maßstäbe setzte, an

# Spaziergänge durch Düsseldorf

## Natürlich und künstlerisch

Von der Theodor-Heuss-Brücke bummelt es sich an schönen Sommertagen ganz wunderbar durch den Rheinpark, der großen Grünanlage am Rheinufer. Den Ausblick auf den Strom kann man auch bei einer Tasse Kaffee auf einem der Restaurantschiffe genießen. Weiter geht's entlang der Kunstachse, durch die Ehrenhof-Anlage mit dem Kunstmuseum, dem Kunstpalast und an der Kunstakademie vorbei. Durch verschiedene Altstadtgassen schlängelt man sich bis zur Kunstsammlung und Kunsthalle am Grabbeplatz. Skulpturen und Galerien bieten Beachtenswertes auf dem Weg; für den, der mehr sehen möchte, präsentieren die Museen reichlich Anschauungsmaterial. In der Altstadt kann man sich von den Strapazen erholen; wer noch nicht genug Natur hatte, sollte in den Hofgarten abbiegen.

## Historisch

Drei interessante Marksteine für eine historisch orientierte Tour durch die Altstadt sind die Skulpturen des Künstlers Bert Gerresheim. Er ist der »Stadtbildhauer« Düsseldorfs, der die Geschichte der Stadt auf vielfältig reflektierte Weise in seinen Werken verarbeitet. Beginnen Sie am Fuß der Oberkasseler Brücke mit der Figur des heiligen Nepomuk. Am Burgplatz befindet sich das Stadterhebungsmonument, das der Heimatverein »Düsseldorfer Jonges« zur 700-Jahr-Feier der Stadt gestiftet hat. Am südlichen Rand der Altstadt (eigentlich der Karlstadt) steht auf der Wiese des Schwanenmarkts das Denkmal für Heinrich Heine, eine mehrfach gebrochene Vexierlandschaft aus der Totenmaske des Dichters. Wenn Sie durch die Altstadt wandern, schauen Sie auch mal nach oben. Viele Häuser haben sehr schöne Fassaden, die man wegen des lebhaften Treibens im Parterre der Gassen oft übersieht.

## Mondän

Jeder Düsseldorf-Besucher muß natürlich einmal über die Kö schlendern. Werfen Sie mal einen Blick in die kleinen Seitenstraßen, auch hier gibt es schöne Geschäfte und angenehme Cafés. Am besten, Sie beginnen den Bummel am südlichen Ende der Kö, dann können Sie sich nämlich hinterher auf einer der Parkbänke im Hofgarten wieder erholen. Wenn Sie noch Kräfte für eine Fortsetzung haben, biegen Sie in die Schadowstraße ein. Diese Meile streitet sich mit der Frankfurter Zeil um den Titel, die umsatzstärkste Einkaufsstraße der Bundesrepublik zu sein. An der Jacobistraße können Sie entweder im Hofgarten eine Pause einlegen oder im zauberhaften Garten des Malkastens ausruhen.

*Die Messen der Industrie- und Handelsstadt genießen Weltruf*

denen seine Nachfolger bis heute gemessen werden.

Die Kunst ist im Stadtbild überall präsent, obwohl Düsseldorf mit etwa 5 Prozent seines Etats im Vergleich zu anderen Städten eher wenig für die Kultur ausgibt. Vielleicht liegt auch darin der Grund, daß dem weltberühmten Joseph Beuys, dem Düsseldorf viel zu verdanken hat, bis heute kein Denkmal, in welcher Form auch immer, gesetzt wurde. Beuys, von 1961 bis 1972 Professor an der Kunstakademie, provozierte nicht nur mit seinen Werken, sondern vor allem mit seinen Ideen Menschen von konservativem Kunstverständnis aufs Äußerste. Seine Überzeugung »Jeder ist ein Künstler« bedeutete auch, daß er Kunststudenten ohne formale Prüfung und in großer Zahl aufnahm und damit die Akademie als geordnete Institution zu sprengen drohte. Trotz heftiger Proteste wurde er schließlich entlassen, spielte aber im Kunstleben der Stadt bis zu seinem Tod eine große Rolle.

Wirtschaftlich viel wichtiger und oft auch deutlich wahrnehmbarer als die Künste sind die Messen, die zu Düsseldorf gehören wie zu anderen Städten ein Dom. Waren solche Ausstellungen im 19. Jahrhundert ein großes Ereignis, so sind sie heute längst der Normalfall geworden, obwohl ca. 40 Messen mit 1,5 Millionen Besuchern pro Jahr für die Einheimischen manchmal nicht ganz einfach zu verkraften sind. Die Zeiten, als die Stadt lediglich »der Schreibtisch des Ruhrgebiets« war, sind also längst vorbei. Das Klischeebild wird zwar noch immer bemüht, aber seine Hauptrolle spielt Düsseldorf heute als bedeutendes internationales Handelszentrum und wichtigster Außenhandelsplatz der Bundesrepublik. Auch deshalb ist in Düsseldorf die mit über 300 Firmen größte japanische Kolonie in Europa heimisch geworden. Da ein gutes Image für die vielen Unternehmen und Institutionen lebenswichtig ist, herrschen beste Bedingungen für die kommerzielle kleine Schwester der Kunst, die Werbung. Zahlreiche Werbeagenturen, von den berühmtesten Namen bis zu einzelkämpferischen Grafikern, kreieren Erscheinungsbilder nach Maß.

Eine Stadt an zwei Flüssen, dem mächtigen Rhein und der winzigen Düssel. Doch gegenüber ihrer Namengeberin legen die Düsseldorfer eine unverzeihliche Gefühllosigkeit an den Tag: Die beiden Flußärmchen sind gezwungen, große Teile ihres Weges durch die Stadt unter der Erde zurückzulegen. In der Altstadt sieht man ein letztes kanalisiertes Stück von ihr, kurz bevor sie im Rhein verschwindet. Auch mit diesem verbindet die Stadt ein zwiespältiges Verhältnis. Zwar ist er der große natürliche Verkehrsweg, aber Jahrhunderte lang konnten die Düsseldorfer ihn nur eingeschränkt nutzen. Seit dem Mittelalter behinderten das Kölner Stapelrecht und die niederländische Zollgesetzgebung die hiesige Schiffahrt, bis 1831 endlich die Rheinschiffahrtsakte eine freie Nutzung des Flusses erlaubte. So kehrte man dem Strom, der hier in einem eleganten Bogen fließt, auch baulich lange Zeit eher den Rücken zu.

So sind sie eben, die Düsseldorfer: Viele Vorzüge ihrer Stadt nehmen sie eher gleichgültig hin. Doch darin liegt auch ihr unbestreitbarer Charme. Mangels langer Geschichte der Sorge um die Pflege einer jahrtausendealten Vergangenheit enthoben, geben sie sich mit großem Schwung dem Hier und Jetzt hin, ohne deshalb auf bewährte Annehmlichkeiten zu verzichten. Sie sind offen für Neues und für Fremde – die hier nicht lange Fremde bleiben.

### Einmaliges Zeugnis Köln-Düsseldorfer Kooperation

Als im Jahre 1843 ein neues Strafgesetzbuch auf Grundlage des als rückschrittlich empfundenen Allgemeinen Preußischen Landrechts im Rheinland eingeführt werden sollte, lehnte der Provinziallandtag in Düsseldorf den Entwurf ohne größere Diskussion ab. Die Zustimmung, die dieser Schritt im ganzen Rheinland auslöste, kam einer Revolution gleich, und am 22. Juni trafen zwei Schiffe mit 1000 Kölner Bürgern ein, die mit den Düsseldorfern einen Fackelzug durch die Stadt unternahmen. Einige Feiern folgten, und die Berliner waren außer sich ob dieser Unbotmäßigkeit. Sie versetzten den Regierungspräsidenten von Köln, der seine Bürger nicht zurückgehalten hatte, zur Strafe nach Erfurt. Die gemeinsame Aktion der ansonsten bis zum heutigen Tage rivalisierenden Städte ist als Köln-Düsseldorfer Versöhnungsfest in die rheinische Landesgeschichte eingegangen.

# Was schauen wir an?

*Kein Dom, kein Schloß, kein großer Hafen, statt dessen Parks, Jan Wellem und ein schiefer Turm – Düsseldorf ist eine junge Stadt*

Die Rolle als Landeshauptstadt Nordrhein-Westfalens ist im Bewußtsein der Bürger bei weitem nicht so präsent wie jene schönen Zeiten, als Jan Wellem und seine Frau, die letzte der Medici, hier Hof hielten. Doch das ist schon lange her, und im Grunde ist es für den Besucher eher von Vorteil, daß Düsseldorfs glorreiche Zeiten als Residenzstadt schon seit 280 Jahren zu Ende sind. Die Stadt ist dadurch relativ klein geblieben. Die meisten interessanten Sehenswürdigkeiten liegen ziemlich nah beieinander, zumindest im weiteren Innenstadtbereich. Was etwas mehr außerhalb liegt, hat bis vor kurzem nicht dazugehört, beispielsweise die alte Pfalz Kaiserswerth, die erst 1929 eingemeindet wurde.

Was dem Besucher als erstes auffällt, sind die vielen Grünanlagen in der Stadt. Zählt man alle Gärten, Parks und Friedhöfe und auch die kleinen Grünflecken zusammen, dann bringt Düsseldorf es auf ungefähr dreißig Grünanlagen, die seinen Ruf als Gartenstadt begründen.

*»Gröne Jong« im Hofgarten, dem bis heute schönsten innerstädtischen Park*

Auffallend, aber für eine Akademiestadt auch nicht ungewöhnlich ist, daß in vielen Parks Kunst und Natur zusammengebracht werden. Die Stadt selbst trat als Auftraggeber für Skulpturen jedoch seltener auf, die meisten stammen von privaten Stiftern. Daher fehlt den Kunstwerken auch häufig der direkte Bezug zu ihrem Standort, sie spielen eher eine ornamentale Rolle – aber die spielen sie gut.

Eine Düsseldorfer Spezialität sind übrigens die in den fünfziger Jahren entstandenen Wasserspielplätze in vielen Grünanlagen, die auch schon manchem Erwachsenen den Sommer verschönt haben.

## AUSSICHTSPUNKT

### Rheinturm

★ Der 1982 eingeweihte Fernmeldeturm ist mit seinen 234 m das höchste Gebäude der Stadt. In 174 m Höhe befindet sich das rundum verglaste Restaurant »Top 180«, das sich ein-

## MARCO POLO TIPS FÜR BESICHTIGUNGEN

**1 Hofgarten**
Düsseldorfs alter Lustgarten – noch heute eine Wonne (Seite 18)

**2 St. Lambertus**
Der schiefe Turm von Düsseldorf (Seite 26)

**3 Kaiserswerth**
In der alten Pfalz findet man viele schöne Winkel (Seite 31)

**4 Karlstadt**
Beispiel gut gelungener Stadtplanung – aus dem 18. Jahrhundert (Seite 31)

**5 Stadterhebungsmonument**
Ein Denkmal zum Lesen (Seite 29)

**6 Karlplatz**
Schönster Markt weit und breit (Seite 30)

**7 Rheinpark**
Wiesen zum Wohlfühlen (Seite 19–20)

**8 Jan-Wellem-Reiterstandbild**
Allenfalls die Berliner haben einen ebenso schönen Kurfürsten zu Pferde (Seite 28)

**9 Rheinturm**
Verschafft den besten Überblick (Seite 13)

**10 Schneider Wibbel**
Ein Musterexemplar rheinischer Schläue (Seite 28)

mal in der Stunde um die eigene Achse dreht. Eine Etage darunter ist eine Aussichtsebene mit Selbstbedienungsrestaurant.

Manch einem wird es vielleicht ein bißchen mulmig, wenn er von oben hinunterschaut, die schrägen Scheiben vermitteln das Gefühl, als stünde man mit einem Fuß schon draußen. Aber wenn man sich daran gewöhnt hat, ist das Panorama wirklich beeindruckend. Die Aussicht über die Stadt und das Umland ist phantastisch; an sehr klaren Tagen kann man sogar die Spitzen des Kölner Doms erblicken.

Außen an der Turmsäule ist eine Dezimaluhr zu sehen, von der man die Zeit bis auf eine Zehntelsekunde genau ablesen kann – wenn man's kann. Von oben nach unten zeigen Lichter die Zehnerstunden, Einerstunden, Zehnerminuten usw. an (A 5) *Tgl. 10–24 Uhr (SB-Restaurant 10–19, »Top 180« 12–14.30, 15–17, 18.30–22.30 Uhr), Eintritt 5,50 DM, Stromstraße 20, Bus 725*

### BRÜCKEN

Für eine Stadt am Strom sind Brücken von lebenswichtiger Bedeutung. Den ersten Versuch, den damals noch sehr viel wilderen Rhein zu überwinden, unternahm Kurfürst Johann Wilhelm: Anno 1699 errichtete er eine »Fliegende Brücke«, eine ständige Fährverbindung zum linksrheinischen Fort Düsselburg. Das Gebiet gehörte jedoch zum kurkölnischen Besitz, und daher mußte das Fort bald wieder aufgegeben werden. Die Fliegende Brücke aber bestand bis 1839; dann wurde eine Schiffsbrücke zwischen Düsseldorf und Oberkassel eröffnet. Die erste feste Brücke war die Eisenbahnbrücke bei Hamm, die im Jahr 1870 eingeweiht wurde. Private Unternehmer bauten von 1896 bis 1899 für den Straßenverkehr die Oberkasseler Brücke. Ende der zwanziger Jahre dieses Jahrhunderts folgte dann, als Teilstück der sogenannten Reichsstraße 1, die Rheinbrücke zwischen Düsseldorf und Neuss. Kurz vor Ende des Zweiten Weltkriegs schließlich wurden alle Brücken gesprengt. 1946 begann man mit dem Wieder- bzw. Neuaufbau, und heute ist Düsseldorf stolz auf seine in der Welt einmalige »Brückenfamilie«. Auf knapp vier Kilometern im Innenstadtbereich wird der Rhein von drei Brücken, der Oberkasseler, der Rheinknie- und der Theodor-Heuss-Brücke, überspannt, die alle nach demselben technischen Prinzip gebaut wurden, nämlich als Schrägseilbrücken.

### Fleher Brücke

Von den Straßenbrücken die südlichste und die jüngste in Düsseldorf, sie wurde 1979 eröffnet. Mit 368 m hat sie die größte Spannweite und mit 145 m den höchsten Pylon; dieser wurde – erstmals bei einer Rheinbrücke – aus Beton errichtet. (O)

### Oberkasseler Brücke

Mit der Oberkasseler Brücke gelang eine technische Kühnheit, auf die die Düsseldorfer noch heute mit Genugtuung verweisen und die ihnen Ruhm in aller Welt eingetragen hat. Nach dem Zweiten Weltkrieg gab es an dieser Stelle nur eine Behelfsbrücke, die bald das steigende Verkehrsaufkommen nicht mehr bewältigen konnte. Ein Abriß, um Platz für den Neubau zu schaffen, war unmöglich, da der Verkehr zwischen den beiden Rheinufern dadurch zu stark beeinträchtigt worden wäre, und so entschied man sich für eine spektakuläre

*Fernmeldeturm, Kniebrücke und die Skyline von Düsseldorf*

Lösung: Die neue Brücke wurde parallel zur alten gebaut und zunächst zwei Jahre benutzt, ehe sie nach dem Abriß der alten genau an deren Stelle geschoben wurde! Am 8. April 1976 verfolgten Ingenieure und Brückenfachleute aus aller Herren Länder ebenso wie die Düsseldorfer mit angehaltenem Atem, wie die 12 000 Tonnen Brücke über ein Plastikbett 50 m stromabwärts an ihren endgültigen Standort glitt. (A–B 3)

**Rheinkniebrücke**
Mit ihrem offiziellen Namen wird sie kaum benannt: In Düsseldorf heißt sie nur kurz Kniebrücke. Sie stellt die Verbindung zur Autobahn Richtung Meerbusch und dann weiter nach Aachen her. (A4–5)

**Südbrücke**
Die Südbrücke wurde 1951 eröffnet und war die erste stählerne Kastenbrücke mit großer Spannweite, die vollständig geschweißt war. Sie verbindet Düsseldorf mit Neuss. (O)

**Theodor-Heuss-Brücke**
Ursprünglich hieß sie »Nordbrücke«, den Namen des Bundespräsidenten bekam die erste Schrägseilbrücke der Welt, die 1957 eröffnet wurde, eine Weile später. Sie ist das nördlichste Mitglied der Düsseldorfer Brückenfamilie. (O)

## BRUNNEN

Die Brunnen in der Innenstadt leiden in den letzten Jahren darunter, daß sie oft trocken stehen. Und das nicht wegen Wassermangels, sondern weil das Grundwasser, das die Brunnen speist, stark mit chlorierten Kohlenwasserstoffen belastet ist.

**»Gröne Jong«**
Im Hofgartenweiher sitzt ein Triton und sprüht eine dicke Fontäne in die Luft; wegen seiner grünen Patina heißt er bei den Düsseldorfern aber nur der »Gröne Jong« – wobei das Grün immer dann ziemlich blaß wird, wenn der Wasserhahn wegen der schlechten Wasserqualität (s. o.) zugedreht bleibt. (C 3) *Hofgarten, Jan-Wellem-Platz*

**Mackbrunnen**
Im Jahr 1988, als die Stadt ihr 700jähriges Bestehen feierte, stiftete die Landeszentralbank diesen Brunnen auf dem Platz der deutschen Einheit. Er hat keinen rechten Namen und wird nach seinem Schöpfer Heinz Mack nur der Mackbrunnen genannt. Zwischen drei verschieden großen Stahlsegeln sprühen Fontänen einen Wasserschleier über den Brunnen und verleihen dem Platz mit den umliegenden Hochhäusern der harten Finanzwelt so immerhin einen zarten Schimmer. Leider ist der Wasserhahn oft zugedreht, die Stadt muß nämlich selbst für die ganz erheblichen Unterhaltungskosten des Brunnens aufkommen. (D 4) *Platz der deutschen Einheit, U-Bahnhof Steinstraße/Königsallee*

**Radschlägerbrunnen**
Die Radschläger sind das Symbol Düsseldorfs, auch wenn es sie heute, außer beim jährlichen Wettbewerb und als Schokoladen- und Marzipan-Figuren, so gut wie gar nicht mehr zu sehen gibt. Die 1954 von Alfred

Zschorsch entworfene Plastik gedenkt der Zeiten, als die Jungen noch eifrig das Rad schlugen und die Zuschauer um »eene Penning« als Belohnung baten – was selbst damals nicht wörtlich gemeint war. (B 4) *Burgplatz, U-Bahnhof Heinrich-Heine-Allee*

### Tritonengruppe

Am Anfang des Kö-Grabens steht die Tritonengruppe im Wasser. Im Jahr 1902 wurde sie vom Verschönerungsverein der Stadt bei Fritz Coubillier in Auftrag gegeben. Der Meeresgott Triton kämpft mit einem riesigen Fisch – kaum vorstellbar, daß der aus der kleinen Düssel kommen soll. (C 4) *Königsallee, U-Bahnhof Heinrich-Heine-Allee*

## FRIEDHÖFE

### Golzheimer Friedhof

Hier ruhen viele Düsseldorfer Größen aus Kunst und Kultur des 19. Jhs. unter zum Teil aufwendig gestalteten Grabmälern, unter ihnen der Maler Alfred Rethel, der Theatermann Karl Immermann, der Architekt Wilhelm von Schadow und auch der Schöpfer der Anlage, der Gartenarchitekt Maximilian Weyhe. Der Friedhof diente nur von 1805 bis 1897 als Gottesacker. Morbide ist die Stimmung daher nicht mehr, im Gegenteil: In dem mit schönen alten Bäumen bestandenen kleinen Park ist es vor allem im Frühjahr sehr romantisch, und im Sommer ist es dort im Schatten angenehm kühl. Die viel befahrene Klever Straße schneidet den Friedhof brutal in zwei Teile, dennoch ist er ein zauberhafter Ort geblieben. (B 1) *Fischerstraße, U 78, U 79 Klever Straße*

### Nordfriedhof

Der Nordfriedhof wurde 1883 als Ersatz für den zu klein gewordenen Golzheimer Friedhof angelegt. Auch in dieser großen, parkartigen Anlage sind Gräber vieler Düsseldorfer Berühmtheiten zu finden, u. a. der Brüder Achenbach, der Theaterintendantin Louise Dumont, der Kunsthändlerin Johanna Ey und vieler anderer. Auch Düsseldorfer Industriellenfamilien wie beispielsweise Bagel, Henkel, Haniel, Poensgen und Schwann haben hier ihre Grabstätten. Sie befinden sich vor allem auf dem Hügel rund um das Hochkreuz, vom Volksmund deshalb frech »Millionenhügel« genannt. Die reichen Familien engagierten für die Gestaltung der Grabmäler oft bedeutende Künstler; das Grab der Familien Pfeiffer und Schieß etwa gestaltete Fritz Coubillier, der auch die Tritonengruppe an der Kö schuf. Von dem Bildhauer Karl Janssen stammt die Göttin des Schlafes auf dem Grab der Familie Henkel. Ernst Barlach schuf die Figur auf dem Grab der Louise Dumont. An die Opfer des Zweiten Weltkriegs erinnert ein Mahnmal von Jupp Rübsam. (O) *Bus 722, 729*

## GÄRTEN UND PARKS

### Botanischer Garten

Der Botanische Garten gehört zur Universität und ist eigentlich für Lehr- und Forschungszwecke angelegt. Wegen der schönen Gestaltung und der Blumenpracht ist er aber auch beim Publikum beliebt. Die Attraktion ist das Gewächshaus, das aus einer sphärischen Plexiglaskuppel besteht. Hier haben die tropischen

Exoten ihr warmes Heim. (O) *Von Mai–Aug. werktags 8–19, am Wochenende 8–20 Uhr; im Winter werktags 8–16, am Wochenende 8 bis 17 Uhr; April und Sept. tgl. 8–19, März und Okt. werktags 8–17, am Wochenende 8–18 Uhr. Straßenbahn 707, 711 Universität Ost/Botanischer Garten*

### Hinterm Stadtmuseum

Ein winziger Park, an dem man leicht vorübergeht, weil er von einer Mauer eingefaßt ist. Der barocke Rosengarten mit ein paar Skulpturen und Büsten, u. a. von Ferdinand Lassalle, und gelegentlichen Ausstellungen des Stadtmuseums ist ideal zum Ausruhen. Die beiden barocken Sonnenuhren sorgen dafür, daß Sie die Zeit nicht ganz vergessen. Sie sind außerordentlich präzise, nur die Umstellung auf die Sommerzeit machen sie nicht mit. (B 4) *Anna-Maria-Louisa-Medici-Platz (ehemalige Bäckergasse), Straßenbahn 704, 709, 719 Poststraße*

### Hofgarten

★ 🚸 Der schönste innerstädtische Park, in dem sich im Sommer alles trifft, Mütter mit Kleinkindern, ältere Herrschaften, Studenten der Kunstakademie, Sonnenanbeter und Jogger. Die Sommerkonzerte sind da nur ein zusätzlicher Anreiz. Im 16. Jh. lag der fürstliche Hofgarten als erster Lustgarten Düsseldorfs ein wenig außerhalb in Pempelfort. Als nach mehreren Mißernten große Not und Armut herrschten, gab im Jahr 1769 Kurfürst Karl Theodor eine Arbeitsbeschaffungsmaßnahme in Auftrag, nämlich den mittlerweile verfallenen Park wieder herzurichten. Von der Anlage und von der Nutzung her war der Hofgarten das Vorbild für den 20 Jahre später entstehenden ersten deutschen Volksgarten, den Englischen Garten in München. Durch die französischen Besatzungstruppen zerstört, wurde der Hofgarten aufgrund des Napoleonschen »Verschönerungsdekretes« von Maximilian Weyhe auf den ge-

*Henry-Moore-Plastik »Die Liegende«*

schleiften Festungsanlagen als englischer Landschaftsgarten neu gestaltet. Nur der Teil um die Reitallee, die zum Schloß Jägerhof führt, zeigt sich streng geometrisch. Denkmäler für Heinrich Heine und Robert Schumann, für Friedrich Christian Grabbe, Gustaf Gründgens und Peter von Cornelius sind ebenso in der weiträumigen Parkanlage zu finden wie eine moderne Plastik von Henry Moore oder der Bronzeabguß des Märchenbrunnens; das Marmororginal mußte vor den ständigen Beschädigungen gerettet werden und steht im Kaufhof an der Kö. (B 2–C/D 3–4)

### Lantz'scher Park

Zwischen Messegelände und Kaiserswerth liegt der kleine, aber ausgesprochen prächtige alte

Park, der 1860 als englischer Garten um das klassizistische Herrenhaus angelegt wurde. Zeitgenössische große Plastiken von Richard Serra und anderen ergeben bizarre Effekte unter den alten Bäumen. (O) *Lohauser Dorfstraße 51, Bus 730*

### Malkastenpark

Versteckt liegt der Garten hinter dem »Malkasten«, dem Haus des Künstlervereins. Man muß das Restaurant des Malkastens durchqueren, manchmal von den Kellnern kritisch beäugt, um durch die Terrassentür in den Garten zu gelangen. An dessen Nordseite steht das nach Kriegszerstörung wiederaufgebaute Haus der Brüder Jacobi, einer für Düsseldorf wichtigen Fabrikantenfamilie. Bekannt wurde Friedrich Heinrich Jacobi jedoch nicht wegen seiner Geschäfte, sondern wegen seiner profunden wissenschaftlichen Werke, die ihn in regen Kontakt und Austausch mit den Großen aus Philosophie und Dichtung brachten. In seinem Haus empfing er illustre Gäste wie Goethe, Hamann, Wieland und sogar Diderot, mit denen er durch seinen zauberhaften Garten wandelte. Dieser war als Landschaftsgarten nach holländischen und englischen Vorbildern angelegt und genoß auch damals schon den Ruf, ein kleines Paradies zu sein.

Doch die Schönheit des Malkastenparks läßt sich auch ohne das Wissen um diese Vergangenheit genießen. Die geschickte, abwechslungsreiche Linienführung, kleine Hügelchen und die »Flußlandschaft« der Düssel lassen den Park sehr viel größer erscheinen, als er tatsächlich ist, und erzeugen eine ganz eigenartige, kostbar-zauberische Atmosphäre. Botanische Raritäten, Skulpturen verschiedener Art, u. a. eine nackte Sonnenanbeterin auf dem Venusteich, und im Sommer ein rustikaler kleiner Biergarten – was will man mehr? (D 3) *Jacobistraße 6, Straßenbahn 703, 707, 712*

### Nordpark

Der Nordpark wurde im Jahr 1937 anläßlich der nationalsozialistischen Ausstellung »Schaffendes Volk« eröffnet; nebenan befand sich die Mustersiedlung »Albert Leo Schlageter«. Noch heute sind einige heroische Skulpturen aus jener Zeit zu sehen. Am Tor stehen zwei Rossebändiger von Edwin Scharf, die eigentlich gut in den Stil der Zeit zu passen scheinen, damals aber bei den Nationalsozialisten wenig Gefallen fanden. Trotz seiner Entstehungsgeschichte ist der Nordpark aber eine ausgesprochen schöne und auch sehr beliebte Anlage. Wasserspiele und riesige Blumenfelder haben bisher jeden Besucher entzückt. Im Jahr 1975 kam der japanische Garten dazu, ein Geschenk der japanischen Kolonie in Düsseldorf. Seit 1987 befindet sich hier außerdem das Löbbecke-Museum mit dem Aquazoo. (O) *Kaiserswerther Straße, U78, U79*

### Rheinpark

★ Von der Altstadt bis zur Nordbrücke zieht sich ein breiter Grünstreifen am Rheinufer entlang, der in den Jahren 1902 und 1926 für zwei große Ausstellungen angelegt wurde. Hier ist fast immer etwas los. Besonders im Sommer ist dies das Mekka der

Flaneure, Radfahrer, Jogger, Fußballspieler und auch der Faulenzer, die einfach nur auf der Decke oder dem mitgebrachten Liegestuhl einen »lazy afternoon« verbummeln. Biergärten und schwimmende Cafés helfen bei zu großer Trockenheit. (B 1–2) *U78, U79 Klever Straße*

### Südpark

Der Südpark ist aus dem Gelände der Bundesgartenschau von 1987 hervorgegangen; er bezieht die Kleingartenanlagen ein, und über eine Brücke gelangt man zum Botanischen Garten der Universität. Der Südpark ist ein sehr gestalteter Garten, mit einem Heckenlabyrinth und sogenannten Erlebniszonen, in denen verschiedene Vegetationsverhältnisse simuliert werden, mit Kräuter-, Heide-, Duft- und Rosengarten; ein ehemaliger Baggersee wurde in ein Feuchtbiotop umgewandelt. Bei den Kindern besonders beliebt ist ein kleiner Hof, in dem man Ziegen, Schafe, Hühner und Kaninchen anschauen und auch richtig anfassen darf. Die Düssel schlängelt sich am Park entlang und wird hier von den Düsseldorfern wirklich einmal mit Wertschätzung behandelt. Im Haus Deichgraf, einem Terrassenrestaurant, kann man der vielen Natur ein Sahnetörtchen entgegensetzen. (O) *Siegburger Straße, Straßenbahn 715, 717, S6, S7 Oberbilk/Philipshalle, oder Straßenbahn 701, 707, 711, 713 Südpark*

### Volksgarten

Der Volksgarten ist ein Teil des Südparks, er war die Keimzelle für das Bundesgartenschaugelände. Doch die Düsseldorfer betrachten ihn als etwas Eigenständiges und kämpften verbissen um seine Erhaltung, als er ganz von der Buga geschluckt werden sollte. Im Jahr 1902 wurde der Volksgarten als Erholungsstätte für die Bevölkerungs des Arbeiterviertels Bilk angelegt, war aber von der Gestaltung her eher bürgerlich. Erst mit einer Erweiterung im Jahr 1908 kamen wirklich sozialreformerische Ideen zum Tragen, es gab eine Volkswiese und ein Planschbecken. Auch heute ist es ein echtes Vergnügen, auf den Wiesen unter den prächtigen alten Bäumen zu liegen. Im Sommer finden am See häufig Grillfeste statt. Am Eingang des Volksgartens stehen die großen »Zeitblumen« von Klaus Rinke, 24 riesige Normalzeituhren, die unerbittlich jedem seine »verblühende« Zeit anzeigen. Im Volksgarten und im Südpark stehen insgesamt elf Skulpturen von Künstlern, die als Schüler oder Lehrer mit der Akademie verbunden sind, u. a. Norbert Krickes »Großer Gideon«, eine Stele von Ulrich Rückriem, sowie die »Wasserachse« von Christian Megert und Wasa Marjanow. (O) *Straßenbahn 706, S6, S7 Volksgarten*

### Zoopark

Der Zoopark war tatsächlich einmal ein Zoo, wenn auch kein besonders berühmter; er zeichnete sich mehr durch die gärtnerische Anlage als durch seinen Reichtum an exotischen Tieren aus. Von dem eindrucksvollen Baumbestand profitiert man noch heute. Im Jahr 1876 gründete der Verein »Fauna« mit Unterstützung von Alfred Brehm den Zoopark, weshalb er auch Brehmpark heißt. Im Zweiten Weltkrieg wurde der Zoo ausgebombt, und danach wurden keine neuen Tiere mehr angeschafft. Attraktion ist heute eine Skulptur von Kurt-Wolf von Borries; ein nackter, liegender Bronzemann, der sich hier seit 1963 räkelt. Zuerst stand die Plastik vor dem Benrather Krankenhaus, bis sie wegen ihrer offenbar gesundheitsgefährdenden Nacktheit von dort umziehen mußte. (F 1) *Straßenbahn 706, 708 Brehmplatz*

## HÄUSER UND PALÄSTE

### Carsch-Haus

Das Carsch-Haus hat im wahrsten Sinne des Wortes eine bewegte Vergangenheit: Ursprünglich stand es nämlich 20 m vom heutigen Standort entfernt! Durch den U-Bahnbau mußte der Heinrich-Heine-Platz umgestaltet werden, und das im Jahr 1915 als Kaufhaus für Herrenkleidung eröffnete Gebäude befand sich im Weg. Doch gegen einen Abriß des eleganten, von der Kaufmannsfamilie Carsch im neoklassizistischen Stil errichteten Gebäudes erhoben die Denkmalschützer heftigen Widerspruch. Nach langen Diskussionen einigte man sich mit dem Besitzer, der Horten AG, auf eine sogenannte Translozierung. Stück für Stück wurden die Teile der von Jugendstilelementen geprägten Fassade abgetragen, numeriert und konserviert. Währenddessen errichtete man den Neubau, auf den die Fassadenteile dann aufgesetzt wurden. So residiert also das Textilkaufhaus für den gehobenen Geschmack mit der »Delikatessa«-Ladenstraße im Untergeschoß wie ehedem in stilvollem Gewand. Vor dem Gebäude steht ein restaurierter Eisenpavillon aus dem Jahr 1906, um den die Skateboard-Fahrer sausen. An manchen Samstagen sorgen hier Jazzbands für Stimmung. (C 4) *U-Bahnhof Heinrich-Heine-Allee*

### Ehrenhof

Im Jahr 1926 wurden die großen Ausstellungsbauten anläßlich der Gesolei, der Ausstellung für Gesundheitspflege, soziale Fürsorge und Leibesübung, am Rheinufer errichtet. Die klar gegliederten kubischen Gebäude aus dunklem Backstein, die sich um den eigentlichen Ehrenhof gruppieren, sind überzeugende Beispiele expressionistischer Baukunst und moderner Stadtplanung. Heute werden sie zum Teil als Museumsbauten genutzt. Das Ensemble, das von Wilhelm Kreis entworfen wurde, besteht aus dem Kunstmuseum, dem restaurierungsbedürftigen Kunstpalast, dem Landesmuseum für Volk und Wirtschaft und direkt am Rhein den Rheinterrassen, einem Restaurant und Tagungszentrum. Der Kunstpalast entstand schon 1902 im Zuge der großen Kunst- und Gewerbeausstellung; 1926 erhielt er eine Backsteinfassade, so daß er sich harmonisch in die neuen Bauten einfügte. Schmuckstück der Anlage ist die Tonhalle am südlichen Ende. Sie diente ursprünglich als Planetarium, woran heute nur noch der goldene Stern auf der Kuppelspitze erinnert. Mitte der siebziger Jahre wurde sie in einem aufwendigen Verfahren restauriert und zur Konzerthalle umgebaut. Im Foyer mit seiner Rotunde finden gelegentlich Lesungen statt. Im Grünen Gewölbe, dem einzigen original erhaltenen Innenraum, stellt das benachbarte Kunstmuseum als Dauerleihgabe seine Glassammlung aus. Die goldene Pallas Athene von Johannes Knubel stand früher direkt vor der Tonhalle; heute schaut sie von der Oberkasseler Brücke zur Kunstakademie hinüber. (B2–3) *Straßenbahn 717, U70, U75, U76 Tonhalle*

### Kunstakademie

Nach der letzten Restaurierung und Reinigung erstrahlt der Sandstein der Akademie wieder in goldenem Glanz. Als 1872 das Stadtschloß abbrannte, in dem die Kunstakademie untergebracht war, wurde ein Neubau nötig. Damals war die italienische Renaissance bei den Künstlern in Mode, und so erstand auch die neue Akademie in diesem Stil. Im Fries sind 62 Malernamen aus allen Epochen zu lesen; sie sollen auch die modernen Künstler, die an der Kunsthochschule lehren oder studieren, der Tradition verpflichten. Einmal im Jahr, in der Regel Ende Februar, veranstaltet die Akademie den Großen Rundgang; dann zeigen die Studenten der interessierten Öffentlichkeit ihre neuen Arbeiten. (B3) *Straßenbahn 717, U70, U75, U76 Tonhalle*

### Landtag

Im Jahr 1988 wurde der extravagante Bau, der den Landtag des Landes Nordrhein-Westfalen beherbergt, eröffnet. Der gelbe Elbsandstein und das rotbraune Kupfer sowie die außergewöhnliche Architektur verleihen der Anlage eine gewisse, für öffentliche Gebäude nicht gerade übliche Freundlichkeit und Wärme. Es gibt keine Winkel oder scharfen Ecken, die aufgebrochenen runden Formen sollen Demokratie, Bürgernähe und Offenheit symbolisieren.

Leider hält die Verwaltung mit dem ehrenwerten architektonischen Anspruch nicht ganz

*Das Ratinger Tor diente von Anfang an nur der Repräsentation*

mit – ein Bürger, der sich das Gebäude nur ansehen will, kommt nicht ohne Schwierigkeiten hinein. Es gibt keine Führungen, sondern nur eine »Einführung in die parlamentarische Arbeit«, in deren Verlauf man auch einiges vom Landtag zu sehen bekommt. Für diese Veranstaltung muß man sich aber 6–9 Monate vorher anmelden. Auch an den Plenarsitzungen kann man nur nach Voranmeldung beim Besucherdienst teilnehmen (Tel. 8 84 23 02). (A5) *Straßenbahn 704, 709, 719/ Bus 725 Rheinturm*

**Palais Wittgenstein**
Das schöne Barockgebäude wurde für einen Weinhändler erbaut. Ende des 19 Jhs. erwarb es der Champagner-Händler Eduard Hauth, der auch die schmiedeeisernen Gitter mit Weinlaub anbringen ließ. Heute ist es ein Haus der geistigen und kulturellen Genüsse. Es finden Kammerkonzerte und Vorträge statt; außerdem ist das Institut Français hier untergebracht. Im Hinterhof befindet sich das Marionettentheater, das anspruchsvolle literarische Stücke zeigt. (B 4) *Bilker Straße 7–9, Straßenbahn 703, 706, 712, 713, 715 Benrather Straße*

**Rathaus**
In einem Komplex aus mehreren Gebäuden, darunter das Grupello-Haus und das alte Rathaus, gehen Politiker und Angestellte der Stadtverwaltung ihren Geschäften nach. Die typisch niederrheinische Fassade des historischen Rathauses ist, seit es der Duisburger Maurermeister Heinrich Tußmann im Jahr 1573 erbaute, fast unverändert geblieben. Auf dem Marktplatz, auf dem heute nur mehr in ein paar Buden Obst feilgeboten wird, steht groß und prächtig die von Gabriel de Grupello geschaffene Reiterstatue des Kurfürsten Jan Wellem. Und weil dem Kurfürsten die Arbeiten seines Bildhauers so gut gefielen, schenkte er ihm das Haus, das noch heute dessen Namen trägt. (B 4)

*Dauer- und Wechselausstellungen zur Stadtentwicklung Mo, Di, Do, Fr 8–17, Mi 8–19, Sa und So 10–17, Führungen Mi 15, jeden ersten Mittwoch im Monat auch 18 Uhr. Marktplatz 1, U-Bahnhof Heinrich-Heine-Allee*

**Ratinger Tor**
Die beiden klassizistischen Tore mit zwei Zollhäusern wurden von 1811–1815 von Adolph von Vagedes erbaut und stehen an der Grenze des historischen Stadtkerns zwischen Altstadt und Hofgarten. Es sind keine echten Stadttore, die der Verteidigung gedient hätten, sondern sie waren von Anfang an als Repräsentationsbauten gedacht. Im südlichen Teil des Tores befindet sich die Galerie von Hete Hünermann. (C 3) *Ratinger Tor 1 und 2, U-Bahnhof Heinrich-Heine-Allee*

**Stahlhof**
Der 1904 von Johannes Radke für den Stahlwerksverband entworfene Bau war das erste große Verwaltungshaus in Düsseldorf. Das wuchtige, symmetrisch um zwei Innenhöfe angelegte Gebäude kann in der engen Bastionstraße seine monumentale Wirkung nicht so recht entfalten, ist aber trotzdem beeindruckend. Die Fassade ist durch Vor- und Rücksprünge stark plastisch gegliedert und verstärkt

die Wirkung der vertikalen Linienführung insgesamt. Als Sinnbild kaufmännischer Tüchtigkeit schwebt auf dem Dachreiter eine goldene Hansekogge. Im Eingangsbereich und im Treppenhaus ist viel Marmor verwendet worden, in den Kassetten der Wände hängen große Gemälde, die Szenen aus der Stahlherstellung zeigen. Heute befindet sich in dem Bau das Verwaltungsgericht. In unmittelbarer Nachbarschaft des Stahlhofs sind die ebenfalls aus der Spätgründerzeit stammenden Repräsentativbauten mehrerer großer Banken. Im Jahr 1948 war der Stahlhof Schauplatz der Gründung des Landes Nordrhein-Westfalen. (B4) *Bastionstraße 39, Straßenbahn 703, 706, 712, 713, 715 Benrather Straße*

**Thyssen-Hochhaus**
Nach seinen drei parallel stehenden, großflächig verglasten Baukörpern heißt das Verwaltungsgebäude des Stahlkonzerns auch »Dreischeibenhaus«. 1956–1960 wurde es von den Architekten Hentrich, Petschnigg und Partner erbaut. Seither gilt es als das Wahrzeichen des modernen Düsseldorf. (C3) *August-Thyssen-Straße 1, zahlreiche Busse und Bahnen bis Jan-Wellem-Platz*

**WDR**
Das postmoderne Gebäude ist erst 1991 bezogen worden, nachdem der Düsseldorfer Stab des

*Neu errichtetes Funk- und Fernsehstudio im Hafengebiet*

*Gilt als Wahrzeichen des modernen Düsseldorf: das Thyssen-Hochhaus, auch »Dreischeibenhaus« genannt*

WDR, des größten ARD-Senders, jahrelang zur Untermiete gewohnt hat. Die gläserne Fassade, blau eingerahmt, gibt dem Koloß ein transparentes Aussehen. Wie Fernsehen und Hörfunk arbeiten, kann man sich bei einer Führung zeigen lassen: Mi und Do um 11 und 14 Uhr, ca. 1½ bis 2 Stunden. Anmeldung schon frühzeitig erforderlich bei der Abteilung für Öffentlichkeitsarbeit, Tel. 8900503. (A5) *Stromstraße 4, Bus 725 Rheinturm*

### Wilhelm-Marx-Haus

Deutschlands erstes Bürohochhaus. Verglichen mit amerikanischen Wolkenkratzern aus der Zeit nimmt es sich in seinem Stil der neuen Sachlichkeit eher bescheiden aus, aber zu seiner Bauzeit, 1924, befand sich Deutschland in der Wirtschaftskrise, und das Unternehmen erschien unter diesen Bedingungen geradezu unerhört. Benannt ist es nach dem Oberbürgermeister Wilhelm Marx, der zu Kaisers Zeiten viel für die wirtschaftliche Entwicklung der Stadt getan hat. (C4) *Heinrich-Heine-Platz, U-Bahnhof Heinrich-Heine-Allee*

## KIRCHEN

### Alt St. Martin

Die kleine romanische Basilika ist die älteste Kirche Düsseldorfs; sie ist im 12. Jh. auf Resten einer noch älteren Kirche in Bilk erbaut worden. Im 19. Jh. war sie nahezu verfallen, und nur weil ihr Turm der Sternwarte Bilk als trigonometrischer Punkt diente, wurde sie nicht abgerissen. Ein Fernrohr erinnert als »Sternwartmal« daran. Leider ist die Kirche selten zugänglich, da sie grundlegend restauriert wird. (O) *Martin-/Ecke Bachstraße, Straßenbahn 704, 709 Völklinger Straße*

### Rochus-Kirche

Von dem neuromanischen Bau der neunziger Jahre des letzten Jahrhunderts blieb nach einem Bombenangriff 1943 nicht mehr stehen als der Turm. Im Jahr 1955 wurde die von dem Architekten Paul Schneider-Esleben entworfene dreischalige Kuppel als Kirchenraum dazugebaut; die Düsseldorfer nennen sie »das Stopfei«. Bemerkenswert ist vor allem die riesige Christusfigur, die ohne Kreuz am Turm hängt. Sie ist von Bert Gerresheim anläßlich des katholischen Kirchentages 1982 geschaffen worden. Die Skulptur ist Franz von Assisi und Maximilian Kolbe gewidmet; seine KZ-Nummer ist in den linken Arm der Christus-Figur eingraviert. Ganz in der Nähe, in der Prinz-Georg-Straße 96, befand sich übrigens das Gestapo-Hauptquartier. (D 2) *Prinz-Georg-Straße, Straßenbahn 707 Schloß Jägerhof*

## St. Andreas

Die ehemalige Jesuiten- und Hofkirche paßt mit ihrem heitergelben Anstrich gut zum Ambiente der Altstadt. Sie gehört zu den kunsthistorisch interessantesten Kirchen der ausgehenden Renaissance und des beginnenden Barock und markiert einen wichtigen Stilwandel. Ihre Anlage folgt dem Vorbild der Jesuitenkirche in Neuburg a.d. Donau. Beide hat Pfalzgraf Wolfgang Wilhelm errichten lassen, der seine Residenz von Neuburg nach Düsseldorf verlegte. St. Andreas ist die Grabeskirche Jan Wellems, sein Mausoleum befindet sich hier. Der im Krieg zerstörte Altar wurde durch einen neuen von Ewald Mataré ersetzt – eine bizarre Wirkung in der barocken Umgebung. (C 3) *Andreasstraße, U-Bahnhof Heinrich-Heine-Allee*

## St. Lambertus

★ Auch Düsseldorf hat einen schiefen Turm, nämlich den Kirchturm von St. Lambertus. Mehrere Erklärungen ranken sich um den Grund für die Verformung der Turmspitze, der Küster bietet die prosaischste an: Das Holz sei beim Bau noch feucht gewesen, und beim Trocknen habe es sich dann eben verzogen, so daß der Turm leicht verdreht aussieht. Auf den Resten einer romanischen Vorgängerin gebaut, machte die Pfarrkirche im Jahr 1288, als das Dorf an der Düssel zur Stadt erhoben wurde, dessen Karriere mit und wurde in ein Kanonikerstift umgewandelt. Im Jahr 1394 erhielt die Kirche ihre heutige Gestalt. Herzog Wilhelm machte die Kirche zu einem religiösen Zentrum; er kaufte – und stahl – eifrig Reliquien, darunter auch die Gebeine des Stadtpatrons, des heiligen Apollinaris; bedauerlicherweise bekam er ihn nur ohne Kopf. Das Wallfahrtsgeschäft blühte: Stadt und Bürger verdienten in Herbergen, Gaststätten und beim Souvenirverkauf an den Pilgern. Zeitweise gab es bis zu zwanzig Altäre in der Kirche, an denen den Pilgern die Messe gelesen wurde.

Die Zünfte waren der Kirche immer sehr verbunden und zeigten das auch durch die Stiftung verschiedener Altäre und Fenster. Einen Blick sollte man auch auf die lustigen Misericordien an der Unterseite der Klappsitze im Chorgestühl werfen; z. B. auf den Bauern, der sich eine Scheibe vom Schwein abschneidet, oder auf die Darstellung der Katze, die das Mausen nicht läßt. (B 3) *Jeden letzten Sa im Monat um 10 Uhr Führungen durch die Kirche und den Kirchenschatz. Stiftsplatz in der Altstadt, U-Bahnhof Heinrich-Heine-Allee*

## Synagoge

Die Synagoge in Derendorf stammt aus dem Jahr 1958 und ist ein heller, sachlicher Bau mit schönen bunten Fenstermosaiken. Von der großen Synagoge an der Kasernenstraße – 1904 von

Josef Kleesattel, dem Erbauer der Rochuskirche geschaffen – steht nichts mehr. Am 10. November 1938 wurde sie geplündert und angezündet. Der Pogrom gegen die jüdische Bevölkerung tobte sich hier besonders heftig aus, da in Düsseldorf die Eltern des Botschaftssekretärs Ernst vom Rath lebten. Er war in Paris von Herschel Grünspan erschossen worden; dieses Attentat diente als Anlaß für den staatlich initiierten Volkszorn. Eine Gedenktafel vor dem »Handelsblatt«-Haus, das heute an der Stelle steht, erinnert an die alte Synagoge. Nach Voranmeldung und individueller Vereinbarung kann die neue Synagoge in Derendorf besichtigt werden; die Führung dauert ca. 1 Stunde. (C 1) *Zietenstraße 50, Tel. 48 03 12, U78, U79 Klever Straße/Bus 722, 727 Bankstraße*

## MONUMENTE UND SKULPTUREN

### »Auseinandersetzung«

Kunst nicht zum Anfassen, sondern zum Mitreden! Die beiden Streithähne des Bildhauers Seemann stehen nämlich nicht auf einem Sockel, sondern ebenerdig mitten in der Altstadt und zanken sich. Wer die beiden zum ersten Mal sieht, will gleich Partei ergreifen. (C4) *Mittel-/Ecke Grabenstraße, U-Bahnhof Heinrich-Heine-Allee*

### Gefallene der 39er

Die Reste des Denkmals für die Gefallenen des 39.Füsilierregiments von Jupp Rübsam stehen nahe der Tonhalle. Im Jahr 1928 war es zuerst dort aufgestellt worden, nachdem die Jury und die Künstlervereinigung ausdrücklich den humanistischen Charakter der Skulptur gewürdigt hatten. Militärischen Kreisen war es jedoch nicht »heldisch« genug; antisemitische Schmierereien verunstalteten es häufig, und 1930 wurde sogar ein Sprengstoffanschlag darauf verübt. Im März 1933 wurde es von den Nazis abgebrochen und an seiner Stelle 1939 ein pathetisches Denkmal am Reeser Platz enthüllt, das noch heute steht und immer wieder für Ärger gesorgt hat. Der Torso der Skulptur von Jupp Rübsam wurde 1978 von der Stadt als »Mahnung gegen Terror und Intoleranz« in der Nähe seines ursprünglichen Standortes wieder aufgestellt. (B3) *Straßenbahn 717, U70, U75, U76 Tonhalle*

### Heinrich-Heine-Denkmal

Die Geschichte der Denkmäler für Heinrich Heine ist lang und wahrlich kein Ruhmesblatt für die Stadt. Sie beginnt 1887 mit Kaiserin Elisabeth von Österreich, einer glühenden Heine-Verehrerin, die der Stadt ein Denkmal für den Dichter schenken wollte (in den Sissi-Filmen kommt das natürlich nicht vor). Eine nationalistisch-antisemitische Hetzkampagne im Preußen der Hohenzollern gegen das Geschenk der Habsburger und gegen den »nestbeschmutzenden« Dichter bewirkt, daß das Anerbieten sechs Jahre später wieder zurückzogen wird. Auch Anfang diesen Jahrhunderts kann die Stadt sich nicht entschließen, ein Denkmal aufzustellen, und selbst die Proteste von Schriftstellern und Künstlern aus aller Welt, von Käthe Kollwitz über Selma Lagerlöf bis Maxim Gorki, gegen die Verschleppungstaktik der

Stadt bewirken nichts. Aber mit dem Denkmalfonds, der anläßlich des Sissy-Geschenks gesammelt worden war, konnte immerhin eine Heine-Sammlung erworben werden, die der Grundstock für das 1970 gegründete Heine-Institut wurde.

Das zum 125. Todestag Heines von dem Münchner Mäzen Stefan Kaminsky gestiftete und von dem Düsseldorfer Bildhauer Bert Gerresheim geschaffene Denkmal am Schwanenmarkt nimmt die zwiespältige Haltung der Stadt und der Deutschen zu Heine auf. Es ist ein »Fragemal«, eine Vexierlandschaft aus der aufgesprengten Totenmaske, verschiedenen Anspielungen auf Heines Leben und Zitaten aus seinem Werk; am deutlichsten die Trommel des Tambours Le Grand. Das provozierende Denkmal hat seit seiner Enthüllung lebhafte Kontroversen ausgelöst und reiht sich in dieser Hinsicht in die Geschichte des Denkmalstreits gut ein. (B 5) *Schwanenmarkt. Straßenbahn 704, 709, 719 Poststraße*

### Jan-Wellem-Reiterstandbild

★ Es ist das älteste Denkmal in Düsseldorf, und, da alle Hofhaltungsbauten von Jan Wellem vernichtet sind, auch die einzige materielle Erinnerung an ihn. Sein Hofbildhauer Gabriel de Grupello schuf das Standbild 1711, es gilt als eine der herausragenden Barockstatuen nördlich der Alpen. (B 4) *Marktplatz, U-Bahnhof Heinrich-Heine-Allee*

### Johannes-von-Nepomuk-Statue

An der Ostseite der Oberkasseler Brücke steht die Skulptur des Brückenheiligen Nepomuk. Sie stammt von Bert Gerresheim und ist, wie alle seine Werke, von einer Mehrschichtigkeit, die verschiedene historische Ereignisse oder Personen miteinander verschmilzt. Bei dieser Figur ist es das Thema des »schweigenden Widerstands«. Im 14. Jh. wurde Johannes von Nepomuk, der Schutzpatron Böhmens, ein Märtyrer des schweigenden Widerstands, als er sich auch unter der Folter keine Zustimmung zum politischen Machtmißbrauch abringen ließ. Die Gesichtszüge des Heiligen sind die des Danziger Priesters Jerzy Popieluszko, der 1984 unter ähnlichen Umständen wie Nepomuk verhört, gefoltert und dann ertränkt wurde. Eine Inschrift zu Füßen der Figur erinnert an den Düsseldorfer Kommunisten Hilarius (»Lari«) Gilges, der 1933, von Nationalsozialisten erschlagen, am Fuße der Oberkasseler Brücke gefunden wurde. (B 3) *Oberkasseler Brücke, Straßenbahn 717, U70, U75, U76 Tonhalle*

### Mariensäule

Die von Gottfried Renn im »byzantinischen« Stil gestaltete Figur ist das einzige religiöse Denkmal in Düsseldorf. Anlaß war die Verkündigung des Dogmas der Unbefleckten Empfängnis im Jahr 1854. (B 4) *Orangeriestraße/Maxplatz, Straßenbahn 704, 709, 719*

### Schneider Wibbel

★ Das unermüdliche Schneiderlein an der Fassade der Schneider-Wibbel-Stuben ist eine Figur aus dem Theaterstück des Mundartdichters Hans Müller-Schlösser und zum Sinnbild rheinischer Schläue geworden. Wegen einer Beleidigung Kaiser Napoleons muß der Schneider ins Gefängnis, er schickt aber an seiner Stelle den Gesellen. Der stirbt unglücklicherweise, und alle Welt glaubt, der Wibbel sei tot, während der sich bei der Beerdigung freut, welch schöne Leiche er ist. Viele Verwicklungen ergeben sich nun daraus, daß der Wibbel als verstorben gilt, in Wahrheit aber quicklebendig ist. Sie nachzuerzählen würde hier zu weit führen, jedenfalls nimmt alles seinen guten Ausgang. Schon 1913 wurde das Stück uraufgeführt, bis heute wird es gespielt. Fünfmal am Tag, und zwar um 11, 13, 15, 18 und um 21 Uhr, kommt der Schneider Wibbel in einem Glockenspiel aus der Fassade und näht und näht. Ein paar Meter weiter sitzt ein Bronze-Wibbel, der angeblich Glück bringt, wenn man ihm übers Knie streicht. (B 4) *Schneider-Wibbel-Gasse 5, U-Bahnhof Heinrich-Heine-Allee*

### Stadterhebungsmonument

★ 1988 stiftete der Heimatverein »Düsseldorfer Jonges« anläßlich des 700jährigen Stadtjubiläums das große Stadterhebungsmonument, das der Bildhauer Bert Gerresheim schuf. Düsseldorf verdankt die Erhebung zur Stadt der Teilnahme an der Schlacht bei Worringen, einer der schrecklichen Metzeleien des Mittelalters. Symbole dieser Schlacht, Helme, Brustpanzer und der Reitende Tod, sind die zunächst beherrschenden Elemente der Plastik. Doch nach und nach entdeckt der Betrachter zahlreiche weitere Einzelheiten und Zitate, die die Geschichte Düsseldorfs in vielen Facetten und kleinen Anekdoten spiegeln. Sie zu erkennen ist nicht ganz einfach, für einen Auswärtigen schon gar nicht. Da präsentiert sich stolz der Bergische Löwe neben den Marktkarren, die ein Hinweis auf das 1288 erworbene Marktrecht sind; die Lippische Rose ist das Wappenzeichen eines der an der Schlacht beteiligten Adelshäuser, gleichzeitig aber auch Symbol für ein friedliches Aufblühen von Stadt und Land. Vier Päpste sehen aus einem Fensterausschnitt und verweisen auf die Bedeutung der Religion im Leben der Stadt, u. a. als Wallfahrtsort. So gibt es noch zahlreiche weitere Bilder. Man muß das Monument »lesen«: von links nach rechts wie die Seite eines Geschichtsbuches, aber auch wie historische Schichten von unten nach oben. Eine Bronzetafel gibt in stark gekürzter Form den Text der Stadterhebungsurkunde wieder. Im nicht weit entfernten Rathaus gibt es eine Broschüre mit Erklärungshilfen und einer Dokumentation der Entstehung des Monuments. (B 4) *Burgplatz, U-Bahnhof Heinrich-Heine-Allee*

## PLÄTZE

### Bertha-von-Suttner-Platz

Anfang der achtziger Jahre wurde der Platz hinter dem Bahnhof neu gestaltet und nach der Schriftstellerin Bertha von Suttner, die 1905 den Friedensnobelpreis erhielt, benannt. Mehrere hohe Bürobauten, u. a. die Volkshochschule, bilden ein postmodernes Ensemble, das mit den großen Edelstahlplastiken von Klaus Antes und ein paar Wasserbecken nicht direkt einladend wirkt. Trotzdem ist der Platz durchaus belebt, und ein kleines Café, das im Sommer seine Tische auch nach draußen stellt, versucht nach Kräften, ein südliches Ambiente nachzuahmen. (E 5) *Hauptbahnhof/Ostausgang*

### Karlplatz

★ Rein architektonisch gesehen eher ein mißlungener Platz, aber hier ist der größte und schönste Markt in Düsseldorf, und darauf kommt's an. Hier gibt es die exotischsten Früchte, die buntesten Blumen und die ausgefallensten Kräuter; außerdem noch Fischstände, Käsebuden, eine Korbflechterei, französische Delikatessen und persische Naschereien. Und wen angesichts all dieser Genüsse der Schwindel überkommt oder der Hunger packt, der kann sich mit einer deftigen Hausmacher-Erbsensuppe oder Reibekuchen wieder stärken. *Tgl. außer So, 8– ca. 17 Uhr.* (B 4) *Altstadt, Straßenbahn 703, 706, 712, 713, 715 Benrather Straße*

## STADTVIERTEL

### Bilk

Das Viertel südwestlich vom Bahnhof war ursprünglich eine Arbeitergegend, in der alles nahe beieinander lag, was zum Leben gehörte: Arbeitsplatz, Wohnung, Vereinslokal. Seit den späten Sechzigern wird die alte Struktur jedoch nach und nach aufgebrochen, nicht zuletzt durch den Einfluß der Universität. Hier wohnen viele Studenten, und in die sanierten Häuser ziehen mehr und mehr die gut betuchten Medienleute und Kulturschaffenden ein. Viele kleine und mittlere Geschäfte, türkische Läden und Antiquariate schaffen eine individuelle und in gewisser Hinsicht gemütliche Atmosphäre. Übrigens gibt es sogar im Weltall Bilker Reminiszenzen: Es sind sieben unbewohnte kleine Planeten, die Bilker Planetoiden, die Robert Luther im letzten Jahrhundert von der Bilker Sternwarte aus entdeckte. (B 6–D 6) *S-Bahnhof Bilk*

### Hafen

Von dem alten Hafen ist immer weniger zu sehen, eine große Bedeutung als Handelshafen hat er sowieso nie gehabt. Duisburg als größter Binnenhafen ist für die Region viel wichtiger. Zwar wurden schon früh Zölle erhoben, der erste befestigte Hafen entstand aber erst im 16. Jh., als Teil der Befestigungsanlagen. Ein großer Hafen auf der Halbinsel Lausward wurde gebaut, als Ende des 19. Jhs. Düsseldorf einen gewaltigen Aufschwung als Industriemetropole nahm; er war damals einer der modernen Binnenhäfen Deutschlands. Trotzdem konnte er sich nie so recht gegen die Konkurrenz der anderen Rheinhäfen durchsetzen. Im Jahr 1976 beschloß man, den Berger Hafen und den Zollhafen aufzugeben; auf dem zugeschütteten Gelände des Berger Hafens wurde der Landtag gebaut.

Das Hafenviertel wandelt sich mehr und mehr zum schicken Revier für Medienleute, Künstler und Politiker. Auf der Kaistraße sind Produktionsstudios für Film und Fernsehen, Galerien und das Europäische Medieninstitut eingezogen. Geplant ist außerdem eine futuristische Anlage der Architektin Zaha Hadid an der Stelle des alten Zollhofs. Zahlrei-

*Die Ruine der Kaiserpfalz im alten Kaiserswerth*

che Kneipen und Restaurants der gehobenen Klasse sorgen schon jetzt für das passende Umfeld. Für die eingesessenen Bewohner ist es nicht leicht, mit diesen Veränderungen Schritt zu halten. Die Preise und Mieten steigen in rasendem Tempo, und Porsches und Jaguars parken die Bürgersteige des ehemaligen Arbeiterviertels zu. (A 6) *Bus 725 Zollhaus*

## Kaiserswerth

★ Erst seit 1929 ist Kaiserswerth ein Stadtteil von Düsseldorf, bis dahin zehrte es für sich allein von seiner ruhmvollen Vergangenheit. Um 700 erhielt der englische Missionsbischof Swidbert hier einen Hof als Geschenk und gründete ein Benediktinerkloster. Zur Kaiserinsel – denn »werth« heißt Insel – wurde der Flecken, als im 9. Jh. eine Pfalz angelegt wurde, die Kaiser Barbarossa später erweitern ließ. Viel zu sehen ist von ihr nicht mehr, denn im Spanischen Erbfolgekrieg wurde sie gesprengt. Ein Bummel durch die schönen alten Gassen ist ein beliebter Sonntagnachmittagssport der Düsseldorfer, deshalb sollte man sich Kaiserwerth lieber während der Woche ansehen. Sehr stimmungsvoll ist der Suitbertus Stiftsplatz mit der ehemaligen Stiftskirche St. Suitbertus aus dem 11. Jh. Hier steht auch das Geburtshaus von Friedrich von Spee, der mit seiner »Cautio Criminalis« gegen die Hexenverbrennungen anschrieb. Berühmt war er aber auch wegen seines schönen Liederbuches.

Und noch einer hat sich in Kaiserswerth um seine Mitmenschen bemüht, nämlich der Begründer der Diakonissenanstalt, Theodor Fliedner. (O) *U79 Klemensplatz*

## Karlstadt

★ Direkt an die Altstadt schließt sich die Karlstadt mit den bezaubernden Partrizierhäusern aus dem 18. Jh. an, in denen heute Kulturinstitute, Galerien, kleine Läden und exquisite Antiquitätengeschäfte untergebracht sind – und natürlich auch Cafés und Kneipen. Die Karlstadt war eine vom Kurfürsten Karl Theodor seit 1722 ins Werk gesetzte Stadterweiterung. Um die privaten Bauherren zu ermuntern, erließ er eine Steuerbefreiung bis zum Jahre 1800. Außerdem sollte kein Unterschied zwischen Katholiken und Protestanten gemacht werden, auch nicht zwischen In- und Ausländern, und für das Bürgerrecht brauchte man anders als sonst keine Kaution zu stellen – da könnte ein Herrscher aus dem 18. Jh. ein Vorbild für das zwanzigste sein! (B/C4–B/C5) *Straßenbahn 703, 706, 712, 713, 715 Benrather Straße*

### Oberkassel

Das schöne Viertel auf der anderen Seite des Rheins sieht so ehrwürdig aus, als sei es schon immer dagewesen. Dabei ist es erst knapp 100 Jahre jung. Im Jahr 1888 kaufte die Rheinische Bahngesellschaft unter Führung des Industriellen Heinrich Lueg das Gelände um das winzige Dörfchen Oberkassel, das zu Heerdt gehörte, als Spekulationsobjekt und weil eine Bahnlinie nach Krefeld geplant war. In dem neuen Viertel sollten das gehobene Bürgertum, Beamte, höhere Angestellte und gutverdienende Selbständige und Künstler eine attraktive Wohngegend bekommen. Die wilhelminisch-eklektizistische Fassadenfront am Rheinufer, dem Kaiser-Wilhelm- und dem Kaiser-Friedrich-Ring, ist ein prächtiger Beweis dafür, daß das Konzept im wesentlichen aufgegangen ist. Durch die harmonische Vielfalt der verwendeten Stile und der schmückenden Details strahlt das Ensemble eine heiter-selbstbewußte Gelassenheit aus, die das Oberkasseler Rheinufer zu einer außergewöhnlich reizvollen Promenade macht.

Oberkassel gehört zu den teuren Vierteln Düsseldorfs. Hinter den schönen Fassaden an den Ringen leben nur wenige Privatleute; es sind die Adressen von Consulting-, Werbe- und Modefirmen. Die teuren Erhaltungs- und Restaurierungsmaßnahmen können privat kaum noch finanziert werden, es sei denn durch Vermietung an zahlungskräftige Gewerbebetriebe. Ein Spaziergang lohnt sich auch in den kleinen und zum Teil recht stillen Straßen hinter dem Kaiser-Wilhelm-Ring, südlich der Luegallee. Hier findet man von der Neo-Renaissance über den Neo-Barock und Neo-Klassizismus bis zum Jugendstil ein bezauberndes Nebeneinander verschiedener Stilelemente. Abstecher in die zahlreichen Kneipen und Cafés entlang des »Boulevards«, der Luegallee, können einem durchaus das Gefühl geben, in Paris zu sitzen. (A2–3) *Straßenbahn 717, U70, U75, U76 Luegplatz*

## STRASSEN UND BOULEVARDS

### Berliner Allee

Direkt schön ist die größte Achse durch die Innenstadt nicht, im vergleich zu ihrer Parallele, der Kö, ist sie sogar ziemlich häßlich. Die durch Bomben im Zweiten Weltkrieg geschlagene Schneise wurde ausgebaut, um die Königsallee vom Durchgangsverkehr zu entlasten. Willy Brandt, damals Regierender Bürgermeister von Berlin, weihte sie 1960 ein. Am südlichen Ende steht der Berliner Bär, und schon lange vor dem Fall der Mauer hieß der Platz am nördlichen Ende »Platz der deutschen Einheit«. (D4–C5) *Straßenbahn 701, 711, 715, Jan-Wellem-Platz oder Berliner Allee*

### Kiefernstraße

Sie ist sozusagen Düsseldorfs »Hafenstraße« und hat Mitte der achtziger Jahre für Unruhe und Empörung unter der Bevölkerung gesorgt, weil sich dort angeblich Mitglieder oder Anhänger der terroristischen Rote

Armee Fraktion verborgen hielten. Ursprünglich waren die 1910 gebauten Häuser Werkswohnungen für die Arbeiter der Eisen- und Drahtindustrie. Als die Klöckner-Werke 1975 stillgelegt wurden, kamen die Häuser an die Stadt, die versuchte, sie zu »entmieten« und dann abzureißen. 1981 jedoch wurden die ersten Häuser besetzt, und nach jahrelangen Querelen und im wesentlichen erfolglosen Razzien in den mit Graffitis übersäten Gebäuden wurden mit den Besetzern ordentliche Mietverträge geschlossen. (F 5) *Straßenbahn 706 Fichtenstraße*

**Königsallee**
Die Einkaufsmeile hieß gar nicht immer nach dem König, früher war sie die Kastanienallee, benannt nach dem Baumbestand, den noch Maximilian Weyhe 1804 angelegt hatte. Damals bildete die Allee die Stadtgrenze auf den niedergerissenen Befestigungsanlagen. Im 19. Jh. entwikkelte sie sich zu einer vornehmen Wohngegend, und erst 1902 öffnete das erste Ladenlokal seine Türen. Es war die Schrobsdorffsche Buchhandlung, die es noch heute gibt. Die Umbenennung der Kastanienallee war der Versuch der Wiedergutmachung: Die Düsseldorfer hatten sich nämlich beim Besuch König Friedrich Wilhelms IV. eine, im Revolutionsjahr 1848 sicher verständliche, Entgleisung geleistet: Statt ihm zuzujubeln, bewarfen sie ihn mit Roßäpfeln. Die Stadtväter waren aufs peinlichste berührt und entschuldigten sich brieflich – und zum Zeichen der nach wie vor bestehenden Treue zum König wurde die Kastanienallee in Königsallee umgetauft.

Die letzte Umwälzung, die die Kö erlebt hat, war eine Renovierung im Zuge des U-Bahnbaus. Der Bürgersteig wurde verbreitert und mit Granitplatten belegt, und Poller, Kioske und Lampen wurden auf Jugendstil oder jedenfalls altmodisch getrimmt. Sogar die Post spielte mit und stellte besonders hübsche Telefonhäuschen auf – das normale Gelb hätte einfach nicht zu den teuren Schaufensterfronten gepaßt. (C 4–5) *U-Bahnhof Heinrich-Heine-Allee oder Steinstraße/Königsallee*

*Nicht bloß Schaufenster zieren die Königsallee: Kö-Graben*

# Zwei Stunden im Museum

*Von antik bis modern, von Keramik bis Video – Düsseldorf hat in vielen Sparten und Medien etwas zu zeigen*

In der reichen und vielfältigen Museumslandschaft Nordrhein-Westfalens ist es für die einzelnen Städte nicht ganz einfach, sich ein eigenes Renommee zu erwerben. In Düsseldorf war man in einer vielleicht etwas privilegierten Situation, da man zum einen auf eine lange Tradition als Kunst- und Akademiestadt zurückgreifen konnte. Zum anderen sind durch das herausragende Engagement und die außergewöhnliche Sachkenntnis verschiedener Leute, wie zum Beispiel Werner Schmalenbachs bei der Kunstsammlung Nordrhein-Westfalen, Sammlungen entstanden, die auch verwöhnte Museumsbesucher interessieren dürften. Überregional bekannt ist die sogenannte Kunstachse, eine Strecke, die aus dem Ehrenhof mit dem Kunstmuseum und dem Kunstpalast, der Akademie, der Kunstsammlung und der Kunsthalle bzw. dem Kunstverein besteht.

Längst nicht alle Schätze, die einst in Düsseldorf zu sehen waren, sind hier geblieben. Bereits im Jahr 1773 richtete der kunstsinnige Kurfürst Karl Theodor seine »Kurfürstliche Akademie« mit Galerie ein, und die von Jan Wellem geerbte Gemäldesammlung, darunter vierzig Rubens-Bilder war weithin berühmt. Einige davon wurden von Napoleon mitgenommen, und die übrigen gingen aufgrund verwickelter Erbfolgen 1805 nach München, wo sie zum Grundstock der Pinakothek wurden.

Die zwanziger Jahre waren künstlerisch auch in Düsseldorf eine ausgesprochen bewegte und fruchtbare Zeit. Damals erlangte »Mutter Ey« ihre Berühmtheit. Bei aufgelaufenen Schulden von Künstlern und Akademiestudenten hatte die ehemalige Bäckerin und Lokalbesitzerin auch Bilder an Stelle von Geld akzeptiert. So entwickelte Johanna Ey sich rasch zu einer Kunstkennerin; vor dem Ersten Weltkrieg verkaufte sie auch Bilder der Düsseldorfer Schule. Nach dem Krieg verwandelte sich ihr Laden zu einer Galerie und zum Künstler-Treffpunkt, in dem diskutiert und gestritten und wild gegen die Akademie polemisiert wurde. Hier hatte Max Ernst seine erste Einzelausstellung; Gert H. Woll-

*Im Heinrich-Heine-Institut*

heim, Otto Pankok und Karl Schwesig gingen bei ihr ein und aus; auf diese Weise wurde sie eine der sehr häufig gemalten Frauen ihrer Zeit. Am bekanntesten ist das von Otto Dix gemalte Porträt, der von 1921 bis 1925 in Düsseldorf lebte.

Nach dem Zweiten Weltkrieg brachten Gruppierungen wie die Gruppe 53 oder Zero mit Hans Mack, Otto Piene und Günter Uecker Düsseldorf wieder als moderne Kunststadt ins Gespräch. Ein paar wilde Jahre gab es, als die Diskothek »Creamcheese« eröffnet wurde, die eine Art Kunstzentrum war, und Daniel Spoerri eine »Eat Art Galerie« führte. Das ist längst Legende, und die Einrichtung des Creamcheese hängt heute im Kunstmuseum.

Überhaupt tun sich die Düsseldorfer mit ihren Künstlern oft schwerer, als man bei dem selbstbewußt geprägten Bild als Kunststadt vermuten sollte. Bestes Beispiel ist natürlich Joseph Beuys, der so schockierend war, daß ihn der damalige Wissenschaftsminister Rau als Professor der Akademie entließ. Bis heute hat die Stadt nichts unternommen, um eine bleibende Erinnerung an ihn zu schaffen; dabei hat Beuys einen großen Teil seines Lebens hier verbracht und – wohl auch gegen den Willen vieler Düsseldorfer – einiges zu ihrem internationalen Ruf beigetragen. Seit 1992 befinden sich immerhin einige Werke von ihm in der Kunstsammlung, u. a. seine letzte Installation, »Palazzo Regale«. Auch heute lehren bekannte

## MARCO POLO TIPS FÜR MUSEEN

1 **Kunstsammlung Nordrhein-Westfalen**
Reizvolle Nachbarschaft – moderne Kunst in der Altstadt (Seite 40)

2 **Stadtmuseum**
Keine archivierte Stadthistorie, sondern eine lebendige Auseinandersetzung mit Kultur und Geschichte (Seite 43)

3 **Heinrich-Heine-Institut**
Alles andere als eine Matratzengruft (Seite 38)

4 **Hetjens-Museum/ Deutsches Keramikmuseum**
Das einzige deutsche Spezialmuseum für Keramik (Seite 39)

5 **Filmmuseum**
Kaleidoskop der Träume und Bilder (Seite 38)

6 **Museum Insel Hombroich**
Kunsterlebnis in der Erftaue bei Neuss (Seite 42)

7 **Schloß Benrath**
Ein spätbarockes Jagd- und Gartenschloß sorgt für Lust und Laune (Seite 43)

8 **Löbbecke-Museum/ Aquazoo**
Wunderbare Wasserwelten (Seite 41)

9 **Conzen-Sammlung**
Kunstvolle Rahmen und Düsseldorfer Stadtansichten im Palais (Seite 37)

Künstler an der Akademie, etwa Markus Lüpertz, Gerhard Richter, Nam June Paik, Alfons Hüppi, Konrad Klapheck und Gerhard Merz.

Trotz einer angespannten Finanzlage bemüht sich Düsseldorf um eine Erweiterung seiner Museenlandschaft. Erst 1993 ist das Filmmuseum eröffnet worden, das in Zeiten der Bildüberflutung einiges von den Grundlagen des Mediums und von der Filmtheorie sinnlich erfahrbar machen will. Geplant ist außerdem ein Kunststoff-Museum. Bisher fehlt es freilich noch an geeigneten und bezahlbaren Räumlichkeiten; es existiert jedoch schon eine umfangreiche Sammlung, die 1992 teilweise in der Ausstellung »Rotperl und Cubana« gezeigt wurde.

### Conzen-Sammlung

★ Im sogenannten Alten Haus in der Altstadt, das als das schönste Düsseldorfer Bürgerpalais des 18. Jhs. gilt, befindet sich ein Privatmuseum. Friedrich G. Conzen, Inhaber verschiedener Kunsthandlungen und einer traditionsreichen Rahmenwerkstatt, hat eine außergewöhnliche Sammlung an Bilderrahmen von der Gotik bis zum 19. Jh. zusammengetragen und präsentiert sie im Alten Haus. Der Schwerpunkt der ca. 1200 Stücke umfassenden Sammlung liegt auf italienischen Rahmen des späten 16. Jhs. Die Objekte und die Führung durch die schönen, mit antiken Möbeln ausgestatteten Räume vermitteln Aspekte der Kunstgeschichte, die sonst eher stiefmütterlich behandelt werden.

Eine ebenso große Attraktion stellt die Ausstellung alter Düsseldorfer Stadtansichten dar, die Informatives und Kurioses zeigt. Neben Plänen, Karten und Stichen des Düsseldorfer Gesellschaftslebens gibt es z.B. auch einige schöne Plakate mit Aufführungsankündigungen des Düsseldorfer Schauspielhauses aus den zwanziger Jahren. (B4) *Mo–Fr 10–18, Führungen nach Vereinbarung. Bilker Straße 5, Straßenbahn 703, 706, 712, 713, 715 Benrather Straße*

### Dumont-Lindemann-Archiv/ Theatermuseum

Düsseldorfer Theatergeschichte im Hofgarten: Im ehemaligen Hofgärtnerhaus wird die traditionsreiche, vierhundertjährige Düsseldorfer Theatergeschichte dokumentiert, und das ist keineswegs nur für eingefleischte Theaterbesucher interessant. Das erste in Deutschland nachgewiesene opernhafte Singspiel, »Orpheus und Amphion«, wurde 1585 in Düsseldorf aufgeführt. Eine Blüte erlebte das Musiktheater unter Jan Wellem, und im 19. Jh. gab Karl Immermann dem deutschen Theater mit seiner »Musterbühne« neue Impulse. Im Jahr 1905 eröffneten Louise Dumont, eine gefeierte Ibsen-Darstellerin und Gustav Lindemann das Düsseldorfer Schauspielhaus; ihr berühmtester Schüler wurde Gustaf Gründgens, der von 1947 bis 1955 als Intendant des Düsseldorfer Schauspielhauses der Stadt einige ruhmreiche Spielzeiten bescherte. Das Dumont-Lindemann-Archiv bildet den Grundstock des Theatermuseums. (C3) *Di–So 11–17 Uhr, Hofgärtnerhaus, Jägerhofstraße 1, zahlreiche Straßenbahnen und Busse bis Jan-Wellem-Platz*

### Filmmuseum

★⚲ Erst 1993 wurde das Filmmuseum in der Altstadt eröffnet. Es teilt sich das Gebäude mit dem Keramikmuseum; und im gemeinsamen Foyer hat Heinz Mack in seiner Gestaltung darauf angespielt. Das gemeinsame Motiv Licht wird durch vielfältige Prismenformen und Installationen aufgenommen und variiert. Der Aufbau der Ausstellung folgt keinem chronologischen Prinzip, sondern konzentriert sich um Themen wie »Schule des Sehens«, »Träume zu verkaufen« oder »Palast der Illusionen«, um Starkult und Mythen, Trick und Ästhetik. Im geheimnisvollen schwarzen Kabinetten und Labyrinthen entfalten die Exponate, Projektionen und Licht-Ereignisse eine ungewöhnliche, sehr reizvolle Wirkung. Im Dachgeschoß ist ein Filmstudio nachgebaut, mit Kameras, Scheinwerfern, Windmaschinen und allem, was sonst noch dazugehört – Hollywood in Düsseldorf! (B4)
*Di–So 12–18 Uhr, Schulstraße 4, Straßenbahn 704, 709, 719 Poststraße oder Straßenbahn 703, 706, 712, 713, 715 Benrather Straße*

### Goethe-Museum

Ursprünglich war das Schloß Jägerhof die Amtswohnung der bergischen Oberjägermeister; nach einer wechselvollen Geschichte und starken Beschädigungen im Zweiten Weltkrieg beherbergt es heute die größte private Goethe-Sammlung, gestiftet von Anton und Katharina Kippenberg. Kippenberg war seit 1905 Verlagsleiter des Insel-Verlags in Weimar. Originaldokumente illustrieren Goethes Leben, seine Beziehung zu Schiller und den Jacobi-Brüdern (deren Haus nur ein paar Meter entfernt ist). Besondere Schwerpunkte sind Themen wie »Werther« und »Faust« sowie ein naturwissenschaftliches Kabinett.

Hier befindet sich auch die Stiftung Ernst Schneider mit Meißner Porzellan und Augsburger Silber aus dem 18. Jh. (D3)
*Di–Fr und So 11–17, Sa 13–17 Uhr, Schloß Jägerhof, Jacobistraße 2, Straßenbahn 707 Schloß Jägerhof oder 703, 712, 713 Jacobistraße*

### Heinrich-Heine-Institut

★ Das Institut ist Forschungsstätte und Museum zugleich. Es

#### Schmuddelkram?

Zu einem Eklat, der manchem symptomatisch für das Verhältnis der Düsseldorfer zur Kunst erschien, kam es, als Putzfrauen in der Akademie ein Werk von Joseph Beuys für schnöden Dreck hielten und es vernichteten, indem sie es aufwischten; die berühmte Fettecke! Die Düsseldorfer grinsten, was nicht nobel war; aber sie lachten laut, was ein gewisses Gespür für Stil verrät, als der Künstler Johannes Stüttgen in einem zäh sich hinziehenden Rechtsstreit Schadenersatz in beträchtlicher Höhe verlangte. Beuys habe nämlich ihm, als seinem Schüler, die Fettecke geschenkt. Schließlich mußte das Land Nordrhein-Westfalen 40 000 Mark bezahlen, weil die Putzfrauen in seinem Auftrag unterwegs gewesen waren. Beuys hätte vielleicht auch gelacht.

dokumentiert wichtige Stationen aus Heines Leben und seiner Arbeit. Fast die Hälfte aller existierenden Heine-Autographen befindet sich hier. Großen Raum nimmt auch die Rezeptionsgeschichte ein, seien es die Vertonungen oder die Auseinandersetzungen moderner Künstler mit Heine. Zahlreiche Veranstaltungen und Wechselausstellungen soll die Verbundenheit der Düsseldorfer mit ihrem berühmten und nicht immer geliebten Mitbürger stärken.

Das Institut betreut außerdem ein rheinisches Dichterarchiv, das aus Nachlässen oder Handschriften u.a. von Friedrich von Spee, den Brüdern Jacobi, Karl Immermann, Christian Dietrich Grabbe, Robert Schumann und Felix Mendelssohn Bartholdy besteht. (B4) *Di–So 11–17 Uhr, Bilker Straße 12–14, Straßenbahn 703, 706, 712, 713, 715 Benrather Straße*

### Hetjens-Museum/ Deutsches Keramikmuseum

★ Beileibe kein Töpferei-Archiv, sondern Deutschlands einziges Spezialmuseum und eins von vier Instituten weltweit, das umfassend die Keramiken aller Zeiten und Kulturen unter kultur- und kunsthistorischen Aspekten sammelt, erforscht und ausstellt. Die mehr als 10000 Stücke umfassende Sammlung, von der nur ein Teil gezeigt wird, befindet sich seit Anfang 1994 in einem neuen Gebäude, in dem auch das Filmmuseum untergebracht ist. Im Palais Nesselrode, einem sehr schönen Barockbau nebenan, der unterirdisch mit dem Neubau verbunden ist, wird die Keramik des 18. Jhs. ausgestellt, alle anderen Exponate werden im neuen Haus präsentiert. Der zeitliche Bogen reicht von 6000 v. Chr. bis zur Gegenwart. Schwerpunkte sind fernöstliche, islamische und mediterrane Keramik sowie Fayencen und Porzellan des Barock. Neben der Darstellung der historischen Perioden mit ihren mal bezaubernden, mal imponierenden Zeugnissen nimmt die Keramik der Gegenwart großen Raum ein, von der künstlerischen Bildhauerarbeit bis zum exquisiten Serienprodukt. Mehrmals jährlich finden große Sonderausstellungen statt. Die Termine der Führungen werden im »Monatsprogramm Düsseldorf« sowie in der Tagespresse veröffentlicht. (B4) *Di–Fr 12–17, Sa und So 11–17 Uhr, Schulstraße 2–4, Straßenbahn 704, 709, 719 Poststraße oder Straßenbahn 703, 706, 712, 713, 715 Benrather Straße*

### Kunsthalle

Die Kunsthalle, ein klobiger Bau aus den sechziger Jahren beherbergt auch den Kunstverein für die Rheinlande und Westfalen. Eine eigene Sammlung gibt es nicht, sondern interessante Wechselausstellungen zur modernen Kunst. An der Seitenfront stehen vier Karyatiden, die an den im Krieg abgebrannten Vorgängerbau aus den achtziger Jahren des 19. Jhs. erinnern. Der »Habakuk«, die Vergrößerung einer Plastik von Max Ernst, bewacht den Eingang. (C3) *Di–So 11–18 Uhr, Grabbeplatz 4, U-Bahnhof Heinrich-Heine-Allee*

### Kunstmuseum im Ehrenhof

Hier findet sich eine breit gestreute Vielfalt künstlerischer Arbeiten europäischer Malerei und

Plastik vom Mittelalter bis zur Gegenwart. Besonders bedeutsam für Düsseldorf sind die Bilder der *Düsseldorfer Schule*, d. h. der von Wilhelm von Schadow Anfang des 19. Jhs. begründeten Malerschule. Johann Peter Hasenclever, Andreas und Oswald Achenbach, Alfred Rethel, Wilhelm Preyer, Carl Friedrich Lessing, Johann Wilhelm Schirmer und Ferdinand Theodor Hildebrandt sind die bedeutendsten Schüler der Düsseldorfer Akademie dieser Zeit. Vertreten ist auch die Künstlervereinigung *Junges Rheinland* sowie die zeitgenössische Kunst der Düsseldorfer Gruppe *Zero.* Berühmt ist die Glassammlung des Kunstmuseums, von der sich ein Teil im Grünen Gewölbe der Tonhalle befindet. Gezeigt wird Glas von der Antike bis zur Gegenwart; ein besonderer Schwerpunkt liegt auf der Jugendstil-Glassammlung, die zu den besten in Deutschland gehört. Besonders schöne Stücke von Louis Comfort Tiffany und Emile Gallé. *Themenbezogene Führungen donnerstags, 15 Uhr.* (B2) *Di–So 11–18 Uhr, Ehrenhof 5, Straßenbahn 717, U70, U75, U76 Tonhalle*

### Kunstsammlung Nordrhein-Westfalen

★☆ Den Grundstock der bedeutenden Sammlung moderner Kunst bilden 88 Gemälde von Paul Klee, die die Landesregierung Nordrhein-Westfalen 1960 aus amerikanischem Privatbesitz erwarb. Die Aktion war auch eine Art Wiedergutmachung gegenüber Paul Klee, der an der Düsseldorfer Kunstakademie gelehrt hatte und 1933 Deutschland verlassen mußte. 1965/66 konnten durch eine Spende des WDR in Höhe von 15 Millionen Mark zahlreiche Bilder moderner Künstler erworben werden. Im Jahr 1986 wurde der von einem Kopenhagener Architektenbüro entworfene neue Museumsbau eingeweiht. Durch eine Sheddachkonstruktion (»Sägedach«) fällt in fast alle Ausstellungsräume natürliches Oberlicht; die dunkle polierte Granitverkleidung spiegelt die gegenüberliegende Kunsthalle und die Andreas-Kirche.

Die Bestände sind in zwei Abteilungen unterteilt. Die erste mit der Kunst vor 1945 präsentiert die wichtigsten Strömungen der Moderne mit Werken von Pablo Picasso, Max Ernst, Salvador Dalí, Wassily Kandinsky, Henri Matisse und anderen. Die zweite Abteilung mit der Kunst nach 1945 zeigt bedeutende Vertreter verschiedener amerikanischer Richtungen und die Kunst des europäischen abstrakten Expressionismus. Man sollte sich unbedingt das Herzstück der Sammlung, die Arbeiten von Paul Klee, ansehen; ebenso die Sondersammlung mit Werken von Jules Bissier. Meist gibt es sonntags um 11.15 Uhr Führungen durch die ständige Sammlung und durch die jeweils aktuelle Ausstellung, weitere Führungen auf Anfrage. Außerdem häufig Vorträge, die in der Tagespresse und im Museum angekündigt werden. (C3) *Di–So 10–18, Grabbeplatz 5, U-Bahnhof Heinrich-Heine-Allee*

### Landesmuseum »Volk und Wirtschaft«

Die Anregung zum Aufbau einer Ausstellung, die dem Laien kom-

*Ein moderner Museumsbau für die Kunst der Moderne*

plizierte wirtschaftliche Zusammenhänge erklären soll, kam von Oskar von Miller, dem Gründer des Deutschen Museums in München. Den Grundstock bildeten verbliebene Exponate der »Gesolei« von 1926 (»Ausstellung für Gesundheitspflege, Soziale Fürsorge und Leibesübung«). Im Laufe der Zeit wurden sie ergänzt durch moderne Grafiken und Modelle; ein Schwerpunkt der Ausstellung liegt auf der Wirtschaft des Landes Nordrhein-Westfalen mit seiner Eisen- und Stahlindustrie. Wechselausstellungen zu aktuellen Themen ergänzen die Darstellung. (B2) *Mo, Di, Do, Fr 9–17, Mi 9–20, So 10–18 Uhr, Ehrenhof 2, Straßenbahn 717, U70, U75, U76, Tonhalle*

**Löbbecke-Museum und Aquazoo**

★⚲ In dem schönen Neubau im Nordpark wird die Entwicklung des Lebens auf der Erde nachgestellt; Schau- und Panorama-Aquarien und Terrarien sowie ein Seehund- und Pinguinbecken mit künstlichem Wasserfall machen das Thema im wahrsten Sinn des Wortes lebendig. Weitere Themen wie »Mensch und Umwelt« und die Frühgeschichte der Menschheit werden ebenfalls behandelt; Wechselausstellungen widmen sich speziellen Aspekten. Das Löbbecke-Museum mit dem Aquazoo ist das beliebteste Düsseldorfer Museum. (O) *Tgl. 10–18 Uhr, Kaiserswerther Straße 380, im Nordpark, U78, U79*

**Mahn- und Gedenkstätte**

Im Jahr 1987 wurde die dokumentarische Ausstellung über Verfolgung und Ermordung von Juden, Kommunisten und Zigeunern in Düsseldorf während des Nationalsozialismus eingerichtet. Der Ort ist nicht willkürlich gewählt: 1933 und 1934 waren hier die Zellen der Polizei, in denen politische Gefangene saßen. Später diente das Gebäude der Wehrmacht. Wechselausstellungen zu verschiedenen Spezialthemen ergänzen die ständige Dokumentation. (C3) *Di–Fr 11 bis 18, Uhr Sa 13–17, So 10–18, Mühlenstraße 29, U-Bahnhof Heinrich-Heine-Allee*

### Museum Insel Hombroich

★🚸 Die Insel Hombroich (das i wird nicht gesprochen, sondern dehnt lediglich das o) liegt ca. 25 Minuten vom Zentrum Düsseldorfs entfernt in Neuss, aber für den Liebhaber von Kunst und ihrer originellen Präsentation lohnt sich der Weg allemal.

In den romantischen Auen der Erft haben hier der Kunstsammler K.-H. Müller und Bernhard Korte eine Park- und Museumslandschaft geschaffen, die ihresgleichen sucht. In der üppig wuchernden Natur liegen verstreut die verschiedenen Pavillons, die nach Entwürfen des Bildhauers Erwin Heerich gestaltet sind und selbst wie Skulpturen wirken. Sie beherbergen unterschiedliche Kunstwerke, von der Kunst der Khmer über afrikanische Holzplastiken bis zur modernen Kunst von Kurt Schwitters, Hans Arp, Francis Picabia, Gotthard Graubner, Yves Klein und anderen. Die Kunst steht hier im Dialog mit der Natur, und der Besucher soll sich an diesem beteiligen. Kleine Pfade über Wasserläufe und Moorlandschaften führen von einem Pavillon zum anderen, und auch auf dem Weg dorthin begegnet man auf Schritt und Tritt der Kunst, die zum Anfassen und Begehen ist. Im »Rosa Haus«, einem Gutshaus aus dem 19. Jh., finden sich Werke von Rembrandt van Rijn, Henri Matisse, Constantin Brancusi und anderen. Zur Stärkung gibt's ein rustikales Büffet, das im Eintrittspreis (15 DM, Sa, So und Feiertage 20 DM) inbegriffen ist. Gelegentlich finden auf der Museumsinsel auch Lesungen und Konzerte statt. (O) *Dez. und Jan. geschl.; von April–Sept. Di–So 10–19, Park bis 21 Uhr; übrige Monate Di–So 10–17. Neuss-Holzheim. Mit dem Auto A 57 Richtung Mönchengladbach, ab Ausfahrt Neuss-Reuschenberg ausgeschildert. Bus 872 ab Neuss Hbf.*

### Schiffahrt-Museum im Schloßturm

Nicht nur für Hobbyschiffer ist dieses Museum interessant. Im alten Schloßturm wird an ca. 120 Modellen ein vollständiger Überblick über die Geschichte der Binnenschiffahrt von deren Anfängen bis zur Errungenschaft des Dampfschiffes dargeboten. Seit 1984 ist diese Sammlung im Schloßturm, dem letzten noch erhaltenen Teil des alten Schlosses, untergebracht. Durch großzügige Spenden der Bevölkerung konnte der Turm, der ein Wahrzeichen der Stadt ist, nach Brand und Kriegsschäden wieder aufgebaut werden. Bei der Restaurierung entdeckte man im Kellerraum die Spuren einer Anlage, die noch älter als das Schloß sein muß und wahrscheinlich aus dem 13. Jh. stammt; eine Zisterne sollte schon damals bei Rhein-Hochwasser helfen, das Gewölbe vor Überschwemmungen zu bewahren. Direkt am Rhein stehend, ist der Turm mit seinen acht Ausstellungsebenen ein idealer Ort für das Binnenschiffahrtsmuseum. Von der »Laterne« aus, dem obersten Stockwerk, hat man einen wunderbaren Panorama-Blick über den Rhein und die Altstadt. (B 3) *Themenbezogene Führungen im Museum jeden ersten So im Monat, Altstadtführungen jeden dritten So im Monat, jeweils 11 Uhr. Weitere Führungen auf Anfrage. Di bis So 10–17, Burgplatz 30, U-Bahnhof Heinrich-Heine-Allee*

### Schloß Benrath

★ Das 1755 von Kurfürst Karl Theodor erbaute Jagd- und Gartenschloß in Benrath ist ein Kleinod. Kein anderes europäisches Baudenkmal dieser Zeit ist von der Gesamtanlage wie von den Details her so gut erhalten. Das Bemühen, eine Gesamtkomposition von Architektur, Gartenkunst, Bildhauerei und dekorativen Künsten zu schaffen, ist charakteristisch für die Epoche des späten Barocks am Übergang zum Klassizismus. Architekt war der »Intendant über die Gärten und Wasserkünste« am Mannheimer Hof, der Franzose Nicolas de Pigage. Den Weiher und den langen Kanal speist das Flüßchen Itter. Über schöne Terrassen auf verschiedenen Ebenen kommt man in die Gartensäle des Schlosses. Die Räume sind reich ausgestattet mit eingelegten Parkettböden, Wandbespannungen und -vertäfelungen und kunstvollen Stuckarbeiten. Vom originalen Inventar ist nur wenig erhalten geblieben, Sammlungen von zeitgenössischen Möbeln, Geschirren, Jagdgeräten und anderem vermitteln aber anschaulich das Lebensgefühl der höfischen Gesellschaft und das Ambiente in diesem Lustschloß. Im Sommer finden häufig klassische Konzerte im Schloßpark statt. Besichtigung nur mit Führung möglich, die ca. 1 Stunde dauert und halbstündlich angeboten wird, der Park ist frei zugänglich. (O) *Di–Fr 11–16, Sa und So 10–16 Uhr, Benrather Schloßallee 104, Straßenbahn 701*

### Stadtmuseum

★ Seit den sechziger Jahren war das Stadtmuseum im Palais Spee untergebracht, das aber für die reichhaltigen Bestände von Anfang an zu klein war. Erst 1991 ist der großzügige Anbau fertig geworden, und das Stadtmuseum bietet nun in einem reizvollen Gebäude einen Rundgang durch die Düsseldorfer Geschichte von der Steinzeit bis zur Gegenwart. Durch die Ausgrabungen am Rheinort sind in jüngerer Zeit neue Funde dazugekommen, u. a. eine Kuriosität wie die Reste eines offenbar abrupt unterbrochenen Festmahles mit Südwein und Austern. Düsseldorfs Zeit als Residenzstadt von einigem Rang ist gut und mit zum Teil prächtigen Stücken dokumentiert. Besondere Schwerpunkte jedoch bilden das 19. und 20. Jh., genauer gesagt der Aufstieg des beschaulichen Düsseldorfs zur Industrie- und Verwaltungsstadt internationalen Formats. Das Stadtmuseum versteht sich dabei nicht als lediglich archivierende Institution oder gar Heimatmuseum, sondern als ein Ort, der auch durchaus provozierende Fragen aufwirft. In diesem Sinne sind auch vier Räume zu verstehen, in denen eher assoziativ, unter Einbeziehung der Werke zeitgenössischer Künstler, Geschichte und vor allem das Thema menschlichen Leidens behandelt wird. Neue Sammlungen wie Mode und Textil und Düsseldorfer Schmuck knüpfen an gegenwärtig wichtige Wirtschaftszweige der Stadt an. (B 4) *Jeden So um 11 Uhr themenbezogene Führungen; einmal im Monat so um 15.30 Uhr Führungen für Kinder und Eltern; Gruppenführungen auf Anfrage. Di, Do, Fr und So 11–17, Mi 11–20, Sa 13–17 Uhr, Berger Allee 2, Straßenbahn 704, 709, 719 Poststraße*

Der Pferdestall
DISKO-BAR
König-Pilsener
SCHNEIDER WIBBEL STUBEN
Schneider Wibbel Haus
CHINA IMBISS
Nudel & Fisch Restaurant

# Wohin gehen wir essen?

*Wenn in Düsseldorf ein Besucher hungrig bleibt, dann nur, weil er sich nicht entscheiden kann*

Die zahlreichen Vertreter der Werbe- und Modebranche prägen auch die gastronomische Landschaft Düsseldorfs; es gibt viele Restaurants und Cafés, in denen man sich regelmäßig sehen lassen muß, um *in* zu bleiben. Doch der normale Düsseldorfer läßt sich das Heft nicht völlig aus der Hand nehmen, und in einem begegnen sich alle – nämlich in der Vorliebe für eine Düsseldorfer Errungenschaft namens Altbier. Auswärtige müssen sich erst an den bitteren, herbwürzigen Geschmack gewöhnen, aber nach zwei oder drei Gläsern ist bisher fast jeder auf den Geschmack gekommen.

Beinahe wäre die Kunst des Altbier-Brauens ausgestorben, als die Kältemaschine Ende des 19. Jhs. erfunden wurde. Alt ist nämlich ein obergäriges Bier, das heißt, nach dem Gärungsprozeß bei Temperaturen von 15 bis 22 Grad Celsius steigt die Hefe nach oben und wird abgeschöpft. Untergärige Biere brauchen niedrigere Temperaturen, so daß sie erst ab ca. 1880 auch im Sommer hergestellt werden konnten. Sie kamen schnell in Mode und hätten beinahe das Alt verdrängt. Doch nach dem Zweiten Weltkrieg erlebte das Altbier einen Aufschwung. Selbstverständlich weil es so gut schmeckt, aber wenn man noch ein Argument braucht, dann liegt es in dem gesundheitlichen Wert des Alts: Es soll gut für die Nieren und überhaupt sehr bekömmlich sein – bei maßvollem Genuß selbstverständlich. Daraus erklärt sich vielleicht auch, daß es 1712, als Kurfürst Jan Wellem den Bierbrauern das Zunftstatut verlieh, bereits 17 Brauereien in Düsseldorf gab, jedoch nur acht Ärzte. Für Magenempfindliche gibt es in manchen Brauereien übrigens Bierglas-Wärmer.

Man sollte in Düsseldorf unbedingt einen Abend in einem der alten Brauhäuser verbringen. Politiker, reizende Damen und gestandene Handwerksmeister sitzen hier Seite an Seite an den weißgescheuerten Holztischen. Zimperlich darf man allerdings nicht sein. Die Kellner, »Köbesse« genannt, sind eher rauh als herzlich, der Dienst am Kunden

*Diese Adresse stimmt immer, auch tagsüber: Düsseldorfer Altstadt*

besteht im schnellen Nachliefern von Altgläsern und nicht in kulinarischer Beratung.

In den Gaststuben gibt es deftige Kost, Eisbein oder dicke Bohnen. Eine nicht ganz so mächtige Spezialität ist der »Halwe Hahn«, der nichts mit Hühnern zu tun hat, sondern ein Röggelchen (ein dunkles, glänzendes Brötchen) mit streng riechendem Harzer Käse, Kümmel und viel Senf ist.

In den Schwemmen der Brauhäuser steht man an Tischen nahe den Fässern, hier wird nichts als Bier ausgeschenkt. Der Köbes stellt dabei unaufgefordert in schneller Folge ein neues Glas vor den Gast, und der kann diese Reihe nur aufhalten, indem er ein halbvolles Glas vor sich behält.

In manchen Brauereien werden den Gästen die Brauanlagen gezeigt; oft kann man auch das Bier in Flaschen mit Bügelverschluß kaufen und als – kurzlebiges – Andenken mit nach Haus nehmen.

Kreditkarten werden meist nicht akzeptiert, und auch Euroschecks sind nicht willkommen. Wem für die deftigen Biervergnügen die Ader fehlt, braucht nicht zu verzweifeln. Düsseldorf hat Restaurants für jeden Geschmack. Hervorzuheben sind die vielen sehr guten japanischen Restaurants, vor allem in der Gegend des japanischen Zentrums um die Immermannstraße herum.

Auch im Umkreis des neuen Medienviertels am Hafen haben sich einige sehr gute Köche niedergelassen. Hier trifft sich die Prominenz aus Politik, Kunst, Werbung und Film – die schönsten Düsseldorfer also, da gibt es mithin immer etwas zu sehen.

## MARCO POLO TIPS FÜR RESTAURANTS

**1 Zum Uerige**
Zünftige Brauhauskultur in der Altstadt (Seite 49)

**2 Greens**
Vollwertiges mit französischem Raffinement (Seite 53)

**3 La potinière**
Hier kocht Madame persönlich (Seite 53)

**4 Nippon Kan**
Japanische Weisheiten, die zwischen zwei Stäbchen passen (Seite 52)

**5 Roberts Bistro**
Szenetreffpunkt am Hafen (Seite 55)

**6 Zedern-Restaurant**
Libanesische Köstlichkeiten mit und ohne Bauchtanz (Seite 55)

**7 Caruso**
Fisch-Arie im alten Bilker Bahnhof (Seite 52)

**8 Tepito**
Nachos und Tortillas in der alten Maoam-Fabrik (Seite 57)

**9 Maassen im Hafen**
Frischer Fisch – im, nicht aus dem Hafen (Seite 56)

**10 Cape Coast**
Bester Jazz und bunte Cocktails (Seite 50)

## BIERGÄRTEN

### Galerie Braunsteiner

Riesiger, lauschig-verwinkelter Biergarten in Heerdt. Die Küche ist österreichisch, bietet aber z.B. auch mexikanische Chililendchen. Bei schönem Wetter wird's eng. (O) *Restaurant tgl. 17–24, Biergarten im Sommer zusätzlich 12–15 Uhr. Krefelder Straße 81, Tel. 50 18 25, Straßenbahn U75 Nikolaus-Knopp-Platz*

### Galerie Burghof

*Der* Biergarten in Düsseldorf, auch wenn er in Kaiserswerth, direkt am Rhein und an den Ruinen der Kaiserpfalz liegt. Hierher kommen Singles ebenso wie Familien mit Kind und Kegel. (O) *In der Wirtsstube Mo–Fr 18–1, Sa 14–1, So 11–1 Uhr, im Biergarten ist ab 22 Uhr Schluß. Burgallee 1, Tel. 40 14 23, U79 Kittelbachstraße*

### Im Ritter

Szenetreff in Kaiserswerth, unter alten Kastanien. Gute Karte. Im Winter und bei Regen sitzt man in den alten Gaststuben auch nicht schlecht. (O) *Mo–Sa 17–24 Uhr, Küche 18–22.30. An St. Swidbert 65, Tel. 40 74 49, U79 Klemensplatz*

### Malkasten

Eine kleine Kostbarkeit im schönen alten Garten des Malkastenvereins. Es gibt Schmalzbrote oder Würste, die man selbst grillen muß. Sie sollten durch das Restaurant des Malkasten hindurchgehen und sich nicht vom steifen Ambiente der Caféterrasse täuschen lassen: Links über die kleine Brücke geht es noch weiter in den Park hinein. Geöffnet, sobald das Wetter wärmer wird, meist ab Ende April, tgl. 18–22 Uhr, häufig auch länger (D 3) *Jacobistraße 6, Tel. 35 04 01, Straßenbahn 703, 707, 712, 713*

### Rheinterrasse

Direkt am Rheinufer, unter schönen alten Bäumen (angeblich will man irgendwann die Terrasse verglasen, was wirklich schade wäre). Die langen Tische sind an heißen Tagen (und Abenden) immer dicht besetzt. (B 2) *Ab 1. Mai, Mo–Sa 17–23 Uhr, So 11–23 Uhr, Hofgartenufer 7, U78, U79 Klever Straße*

## BRAUHÄUSER UND BIERKNEIPEN

**T = Terrasse**

### Brauerei Schumacher (T)

Schumacher ist der Inbegriff eines traditionellen bürgerlichen Wirtshauses, in dem sich Düsseldorfer aller Art treffen. Die weitläufigen Räume sind reich ausgestattet mit Schnitzereien, antikem Zinnzeug und Stichen und Gemälden, was zur Gemütlichkeit beiträgt. Am dritten Donnerstag im März, September und November gibt es die Latzenbierfeste im Hof mit einer Düsseldorfer Jazzband; Latzenbier ist ein stärker eingebrautes Altbier mit höherem Alkoholanteil, da ist Vorsicht geboten! Besichtigung der Hausbrauerei nach Vereinbarung für größere Gruppen, ca. 45 Min., mit Bierprobe und Essen. (D 5) *Tgl. 10–24 Uhr, Küche von 12–15 und 17–23 Uhr, Oststraße 123, Tel. 32 60 05. Straßenbahn 707/U78, U79 Oststraße*

### Brauhaus Joh. Albrecht (T)

Im umgebauten Stammhaus der Kornbrennerei der Familie

Schmittmann. Zwei untergärige Biersorten, das dunkle »Kupfer« und das helle »Messing«; durch den gläsernen Boden des Lokals kann man in den Braukeller sehen. (O) *Tgl. 11–1 Uhr, Niederkasseler Straße 104, Tel. 57 01 29, Bus 834 Niederkassel*

**Frankenheim (T)**
Schöne alte Räume mit viel Alt-Düsseldorfer Atmosphäre. Auch eine alte Pferdetränke hat neue Verwendung gefunden. Großer Biergarten; gutbürgerliche Küche. (E3) *Tgl. 12–24, Küche bis 23 Uhr, Wielandstraße 14–16, Tel. 35 14 47, Straßenbahn 703, 704, 712/Bus 722, 727 Pempelforter Straße*

**Im Füchschen**
Nichts für Zartbesaitete, selbst für ein Brauhaus geht es hier ziemlich rustikal zu. In dem Haus mit dem Fuchs im Wappen braut man ein Bier, das zum Besten gehört, was Alt-Kunst hervorbringt. Das Essen ist ausgesprochen deftig und sehr preiswert, Wurst kann man sich aus der Hausschlachterei sogar mitnehmen. Das Füchschen ist eine Düsseldorfer Institution, die man gesehen haben sollte. (C3) *Tgl. 9–24, Küche bis 23 Uhr, Altstadt, Ratinger Straße 28, Tel. 8 40 62, U-Bahnhof Heinrich-Heine-Allee/Straßenbahn 717, U 75, U76 Tonhalle*

**Im Goldenen Kessel (T)**
Sozusagen das Tor zur Altstadt. Hier trifft sich das gutbürgerliche Düsseldorf. Die Wirtschaft gehört zur Brauerei Schumacher, deren Alt hier ausgeschenkt wird. Im Sommer verlagert sich ein Großteil des Geschehens nach draußen, wo man an Stehtischen

*Aushängeschild eines Düsseldorfer Traditions-Brauhauses*

den Flaneuren zusieht. (C4) *Tgl. 10–24, Küche bis 22 Uhr, Bolkerstraße 44, Tel. 32 60 07, U-Bahnhof Heinrich-Heine-Allee*

**Oberkasseler Belsenbräu (T)**
Unter strengen Denkmalschutzauflagen ist diese Brauerei im alten Oberkasseler Bahnhof erst 1991 eröffnet worden und vermittelt seitdem eine gemütlich-schicke Atmosphäre. Hier werden zwei Biersorten gebraut, das dunkle obergärige Alt und ein helles Pils. Kräftige Biermahlzeiten im Restaurant und in der Schwemme. (O) *Tgl. 11–1, Küche bis 23 Uhr, Belsenplatz 2, Tel. 55 51 58, Straßenbahn 705, 717/ U70, U76/Bus 834 Belsenplatz*

**Zum Schlüssel**
Das Stammhaus der Gatzweiler-Brauerei, in dem das Schlüsselbier gebraut wird. Man kann die Anlage auf Anfrage besichtigen. Die Speisekarte ist auf Düsseldorfer Platt geschrieben, aber der Köbes hilft beim Übersetzen. (C4) *Tgl. 10–24, Fr und Sa bis 1, Küche bis 22.30 Uhr, Bolkerstraße 45–47, Tel. 32 61 55, U-Bahnhof Heinrich-Heine-Allee*

### Zum Uerige

★ Der Urtyp von Brauhaus. Es dreht sich alles ums Alt, und deshalb gibt es außer Alt nur noch Apfelsaft. Ganz Düsseldorf trifft sich hier, vom Bankpräsidenten bis zur Marktfrau. Samstags zwischen 11 und 15 Uhr Erbsensuppe, an allen anderen Tagen bleibt die Küche kalt. Der Name des Wirtshauses kommt vom Düsseldorfer Wort für »griesgrämig«, und das war der erste Wirt wohl immer. Die Köbesse im Uerigen sind auch heute berühmt für ihre Unfreundlichkeit, trotzdem sind die großen alten Wirtsstuben immer voll. Und im Sommer nehmen viele ihr Bier mit auf die Straße. (B 4) *Tgl. 11–1 Uhr, Berger Straße 1, Tel. 8 44 55, U-Bahnhof Heinrich-Heine-Allee oder Straßenbahnen 703, 706, 712, 713, 715 Benrather Straße*

## CAFÉS

### Bittner

Ein klassisch-altmodisches Café, direkt am Markt, in das aber nicht nur ältere Damen gehen. Hier kann man übrigens auch ein Düsseldorf-Souvenir erstehen: einen Radschläger aus Schokolade. (B 4) *Mo–Sa 8.30–18.30, So und Feiertage 10–18.30 Uhr, Karlplatz 20, Tel. 3 10 98 40. Straßenbahn 703, 706, 712, 713, 715 Benrather Straße*

### Heinemann

Ein alteingesessenes Düsseldorfer Café mit sehr guter Konditorei und hervorragender Confiserie; es gibt mehrere Filialen in der Innenstadt. Sehr angenehm ist das neue, mit Anklängen an Jugendstil eingerichtete Café an der Kö-Galerie. Ausgezeichnete Torten sowie auch Frühstück und kleine Mahlzeiten werden geboten. (C 5) *Mo–Fr 9–19, Sa 9–18, So 10.30–18 Uhr, Bahnstraße 16, Tel. 13 13 50, Straßenbahn 701, 711, 714, 715 Berliner Allee*

### Leysieffer

Modernes, aber keineswegs unangenehm kühles Café. Der Gast, der sich nicht länger aufhalten will, kann im Erdgeschoß an der Espresso-Bar ein Täßchen trinken. In der ersten Etage ist das ruhige Café, aus einer Büffet-Vitrine kann man sich auch warme Kleinigkeiten aussuchen. (C 4) *Tgl. 9.30–18 Uhr, Königsallee 44, Tel. 13 44 69, U-Bahnhof Steinstraße/Königsallee*

### Maushagen

Ende 1991 wiedereröffnetes Café in Derendorf, dessen Konditormeister sich als »Zuckergestalter« versteht. Zum einen kreiert er beste Torten, zum anderen bläst er aus Zuckermasse kunstvolle Kristall-Figuren, die zum Essen zu schade sind. Die Einrichtung des Cafés zeigt eine schöne Kombination von modern und altmodisch. Schränke und Vitrinen aus dem 18. und 19. Jh. werden kontrastiert von witzigen Glastischen auf ausgefallenen Stahlbeinen. (D 1) *Mo geschl., Di–Fr 10–18.30, Sa 11–18, So 13–18 Uhr, Jülicher Straße 9, Tel. 46 47 48, Straßenbahn 701, 707, 711, 715 Dreieck*

## KNEIPEN UND SZENELOKALE

### Bim's Marktwirtschaft

Szenebistro direkt am Markt auf dem Karlplatz. Abends und samstags ziemlich voll, aber sonst kann man hier in Ruhe in moderner Caféhaus-Atmosphäre

**Ein paar Übersetzungshilfen zu Düsseldorfer Spezialitäten**

Ein »Halwe Hahn« ist kein Geflügel, sondern ein Röggelchen, das ist ein dunkles Roggenbrötchen, mit einem ziemlich geruchsintensiven Käse, Kümmel und viel Senf. »Flöns« ist ein Stück Blutwurst, auch mit Röggelchen und Senf. Wer ein »Pärken« bestellt, bekommt zwei Bockwürste mit Senf. Übrigens heißt der Senf eigentlich »Mostert«, und die Zwiebelringe, die bei der Blutwurst liegen, nennen sich »Ölk«. Hört sich vielleicht seltsam an, schmeckt aber wirklich lecker – natürlich mit ein, zwei Gläsern Alt.

Zeitung lesen und Leute beobachten. (B 4) *Mo–Sa 7–1, So 10–1 Uhr, Benrather Straße 7, Tel. 2 71 85. Straßenbahn 703, 706, 712, 713, 715 Benrather Straße*

### Cape Coast

★ ✝ Jazzkneipe in Derendorf mit ausgesprochen guter Musik, die nicht vom Band kommt, sondern vom Diskjockey aufgelegt wird. Aber das Beste: jeden Montag Live-Musik. Gute Bistroküche. (O) *Tgl. 17–1, Fr, Sa und Feiertage bis 3, Küche bis 0.30 Uhr, Römerstraße 16, Tel. 46 25 69, Straßenbahn 707 Essener Straße/Bus 722, 727 Bankstraße*

### Destille

Am Rande des Altstadttrubels nahe dem Schwanenmarkt kann man in dieser unprätentiösen Kneipe in Ruhe verweilen, ja sogar Zeitung lesen. Der gute Blues, der überwiegend gespielt wird, garantiert, daß hier keine Youngsters oder Yuppies zu finden sind. Die kleine, delikate Speisekarte trägt zum Wohlbefinden bei. (B 5) *Mo–Sa 11–1, So 17–1 Uhr, Bilker Staße. 46, Tel. 32 71 81, Straßenbahn 704, 709, 719 Poststraße*

### Green

✝ Weder für ganz Grüne noch für Vegetarier. Die Café-Bar ist im ehemaligen Schauraum des Wellenbads und war trotz oder wegen der ungewöhnlichen Adresse von Anfang an bei den Schönen und den Jungen ein voller Erfolg. (C 4) *So–Do 10–1, Fr und Sa 10–3 Uhr, Grünstraße 15, Tel. 32 03 40, U-Bahnhof Steinstraße/Königsallee*

### Kajüte Rheintreue (T)

Der mächtige Kahn liegt auf dem Rhein. Im Unterdeck befindet sich ein Restaurant im Bistro-Stil, auf dem offenen Oberdeck ist es aber lustiger; außerdem hat man von hier aus einen ausgezeichneten Panoramablick über den Rhein. (B 1) *Tgl. 11–24 Uhr, Robert-Lehr-Ufer 19, Tel. 49 89 09, U78, U79 Klever Straße*

### Kollers Kahn (T)

Gemütliche Kajütenkneipe auf einem alten Kahn am Ufer des Rheinparks. Wirkt mit seinen dicken Tischläufern und niedrigen Decken wie ein altes holländisches Strandcafé. Die Küche ist ziemlich einfach. (B 1) *Tgl. 11–1, Küche 12–24 Uhr, Robert-Lehr-Ufer 35, Tel. 4 91 04 49, U78, U79 Klever Straße*

### Meuser (T)

Beliebte Kneipe, vor allem im Sommer, in Niederkassel. Unangefochtene Spezialität sind hier die Speckpfannekuchen. (O) *Di bis Sa 15–23, So 11–23, Küche 18 bis 21.30 Uhr, Alt Niederkassel 75, Tel. 55 12 72, Bus 834 Niederkassel*

**Miles Smiles**
Modernes Kellerlokal mit sehr guter Küche, kleine Tageskarte. Die Musik wird vom Diskjockey aufgelegt. (B 4) *Tgl. 19–3 Uhr, Akademiestraße 6, Tel. 32 96 01, U-Bahnhof Heinrich-Heine-Allee*

**Paco's**
In Flingern, und damit nicht gerade in einer guten Kneipengegend, aber es lohnt sich; Paco's ist ein echter In-Treff. In der spanischen Kneipe läßt sich's gut sitzen und Tapas verspeisen. (F 3) *Mo–Do und So 10–1, Fr und Sa 10–3 Uhr, Hermannstraße 64, Tel. 6 79 85 81, Straßenbahn 709, 719 Wetterstraße*

**Sassafras**
Eine alte, zeitlose Oberkasseler Kneipe, in der Publikum verkehrt, das nicht zu den schicksten Leuten gehören will. Kleine und nicht teure Bistro-Küche; gelegentlich Lesungen. (O) *Tgl. 17 bis 1 Uhr, Düsseldorfer Straße 90, Tel. 55 10 75, Bus 835, 836*

**Schnabelewopski**
Nach einer Figur aus dem Werk Heinrich Heines ist die gemütliche Kneipe in des Dichters wieder aufgebauten Geburtshaus benannt. Hier finden häufig im lockeren Rahmen Lesungen statt, die häufig vom Literaturbüro Nordrhein-Westfalen veranstaltet werden, das im selben Haus seinen Sitz hat. (C 4) *Mo–Sa 16–1, So 14–22 Uhr, Bolkerstraße 53, Tel. 13 32 00, U-Bahnhof Heinrich-Heine-Allee*

**Spitz**
Auf zwei Etagen trifft sich viel schickes, junges Volk. Auch schön zum Frühstücken. (C 4) *Mo–Sa 9–1, So und Feiertage 11–1 Uhr, Bolkerstraße/Hunsrückenstraße Tel. 32 27 70, U-Bahnhof Heinrich-Heine-Allee*

**Tannenbaum**
Gemütliche Studentenkneipe in Derendorf mit gar nicht so schlechter Küche. Kunst und schlaue Sprüche an den Wänden. (O) *Tgl. 17–1 Uhr, Tannenstraße 3, Tel. 4 54 10 92, Bus 722, 727 Frankenplatz*

**Zicke (T)**
Intellektuellen- und Szenebistro gegenüber dem Stadtmuseum, etwas abseits vom Altstadttrubel. Hier kann man unter anderem gut und auch noch spät frühstücken. (B4) *Mo–Fr 9–1, Sa und So 10–1 Uhr, Bäckerstraße 51, Tel. 32 40 56, Straßenbahn 709, 719 Poststraße*

**Zollhof**
Schöne große Szenekneipe im Hafenviertel, gute Bistroküche. Hier treffen sich außer Studenten auch viele Künstler und Jungfilmer. (A6) *Mo–Do 17–1, Fr und Sa 17–3, So 11–1 Uhr, Hammer Straße 6 Tel. 30 57 35, Bus 725 Zollhof*

**Zur Uel (T)**
Traditionsreiche alte Studentenkneipe in der Altstadt, in der sich auch einige nicht mehr ganz so junge Semester treffen. Die Speisen sind auf einer Tafel an der Wand notiert. (B 3) *Mo, Di, Do, So 10–1, Mi, Fr, Sa 10–3 Uhr, Ratinger Straße 16, Tel. 32 53 69, U-Bahnhof Heinrich-Heine-Allee*

## RESTAURANTS

*Kategorie 1*
(Hauptgericht für eine Person 30 bis 50 Mark

**Aalschocker**
Das Erdgeschoß des Gourmet-Tempels »Zum Schiffchen«. Preiswerter und etwas rustikaler als in der feinen ersten Etage. (O) *Mo–So 19–23 Uhr, an Feiertagen geschlossen Kaiserswerther Markt 9, Tel. 40 39 48, U79 Klemensplatz*

**Nippon-Kan**
★ Ältestes japanisches Restaurant nicht nur in Düsseldorf, sondern in Europa; von den Düsseldorfer Japanern wird es hoch geschätzt. Tatami-Raum, Sushi- und Tempura-Bar. Am besten erfährt man die Vielfalt der japanischen Küche, indem man ein Menü wählt (von 80 bis 130 Mark). (D4) *Tgl. 12–14 und 18 bis 22 Uhr, Immermannstraße 35, Tel. 35 31 35, Straßenbahn 707 Oststraße*

**Rosati**
Gutes italienisches Restaurant mit ausgefallenen Nudelkreationen und hervorragenden Vorspeisen, das vor allem Geschäftsleute gern frequentieren. Nebenan im Rosatidúe geht es etwas preiswerter und lockerer zu. (O) *Mo–Fr 12–14.30, Mo–Sa 18–22.30 Uhr, Felix-Klein-Straße 1, Tel. 4 36 05 03, U78, U79 Reeser Platz*

*Kategorie 2*
(Hauptgericht für eine Person 20 bis 40 Mark)

**An'ne Bell (T)**
Kühl-sachlich gestyltes, trotzdem sehr angenehmes Restaurant am Rhein, das von Geschäftsleuten, aber auch sehr vielen Künstlern geschätzt wird. Die Küche ist modern-leicht mit rheinischem Einschlag da, wo er gut paßt. Im Sommer sehr schöner Biergarten. (O) *Mo–Fr 11–1, Sa und So 18–1 Uhr, Küche von 12–14.30 und 19 bis 22.30 Uhr, Rotterdamer Straße 11, Tel. 4 37 08 88, U78, U79/Bus 834 Theodor-Heuss-Brücke*

**Breuers**
Sehr angenehmes, großzügiges Restaurant, eingerichtet mit Jugendstil-Anklängen. Einfallsreiche Neue Küche, die aber nie übertrieben ausgefallen sein will. (A6) *Mo–Sa 18–1 Uhr, bei großen Messen auch So, Hammer Straße 58, Tel. 39 31 13, Straßenbahn 708 Wupperstraße/Bus 725 Erftstraße*

**Caruso**
★ Ein italienisches Fischrestaurant im Fischgeschäft in den Lagerhallen im alten Bilker Bahnhof – mit anderen Worten: ein ziemlich rustikales, aber herzliches Ambiente, wie bei einer italienischen Familie auf dem Land. Keine Kreditkarten. (O) Die Öffnungszeiten werden nicht streng eingehalten, *Mo–Fr 11.30–24, Sa 10–16 Uhr, bei Messen auch gelegentlich So, Friedrichstraße 145, Tel. 45 98 58, Straßenbahn 706, 707, 712, 715 S-Bahnhof Bilk*

**Daitokai**
🯅 Beliebtes japanisches Restaurant in der Altstadt. Es wird nicht nur dem Magen etwas geboten, sondern auch den Augen, da viele Gerichte mit zirkusreifer Jonglierkunst direkt vor dem Gast zubereitet werden. (C3) *Mo–Sa 12–15 und 18–24 Uhr, bei großen Messen auch So, Mutter-Ey-Straße 1,*

*Tel. 32 50 54/55, U-Bahnhof Heinrich-Heine-Allee*

**Edo**
Das japanische Restaurant liegt im ersten Stock der Kö-Galerie; man kann ausführlich tafeln, aber auch nur ein paar Sushi-Häppchen zwischen den Einkäufen zu sich nehmen. (C4) *Mo–Fr 12–14 und 18.30–22, Sa 12–15 und 18.30–22, So 18–22 Uhr, Königsallee 60E, Tel. 13 28 38, U-Bahnhof Steinstraße/Königsallee*

**Greens**
★ Ein Ort nicht nur für Vegetarier, wie der Name vielleicht vermuten läßt, sondern ein sehr schönes helles Restaurant, in dem die französische Küche mit der Vollwertküche aufs köstlichste verbunden wird. Gute Weinkarte. Reservierung ratsam. (C6) *Mo–Sa 18–23 Uhr, Herzogstraße 50, Tel. 37 84 01, Straßenbahn 701, 714 Luisenstraße*

**La donna cannone**
Schönes italienisches Kneipenrestaurant mit langer Bar im Hafenviertel. Unbedingt die Antipasti und die »Crema venetiana« probieren. Ausgezeichnete Weinkarte. (A6) *Di–So 18–1, Hammer Straße 28, Tel. 39 60 05, Straßenbahn 708 Wupperstraße, Bus 725 Erftstraße*

**La potinière**
★ Ein Restaurant , das man leicht übersehen kann, so unscheinbar ist sein Äußeres. Nur wenige Tische, das Ganze wirkt wie ein größeres, unprätentiöses Wohnzimmer. Die Küche ist klassisch französisch, es gibt nur ein täglich wechselndes Hauptgericht. Sehr gute Weinkarte. Für Gourmets, die an Schnickschnack kein Interesse haben, ideal. Keine Kreditkarten. (C6) *Di–So 19–1, Herzogstraße 23, Tel. 37 49 61, Straßenbahn 701, 711 Luisenstraße*

**Le Carré**
Sehr gute badisch-elsässische Küche in gemütlicher Atmosphäre in einer ehemaligen Düsseldorfer Eckkneipe. Die Weinkarte ist etwas für Kenner. (O) *Tgl. 18–24.30 Uhr, Kanonierstraße 14, Tel. 43 30 55, Straßenbahn 707, 715 Tannenstraße, Bus 722, 727 Frankenplatz*

**Op de Eck (T)**
✝ Ein Café und Restaurant in der Kunstsammlung, das vor allem von der Künstler- und Intellektuellenkaste besucht wird. Gute Küche mit guten Weinen. Besonders angenehm in der Zeit zwischen Nachmittagscafé und Abendtrubel. Nachts lebhafter Barbetrieb, im Sommer eine der schönsten Terrassen in der Altstadt. (C3) *Di–So 10–1, Frühstück bis 15, warme Küche von 12–15 und 18–23 Uhr, Grabbeplatz 5, Tel. 32 88 38, U-Bahnhof Heinrich-Heine-Allee*

**Pekingenten-Haus**
Dies ist keines der üblichen chinesischen Restaurants, sondern der Ort in der Altstadt, an dem man vom Pekingenten-Meister die Ente am Tisch tranchiert bekommt und die Stücke dann in hauchdünne, mit einer Spezialsauce bestrichene und mit rohen Gemüsen belegte Pfannkuchen wickelt. (C4) *Di–So 12–15 und 18–24, während großer Messen auch sonntags geöffnet. Neustraße 41, Tel. 13 25 83, U-Bahnhof Heinrich-Heine-Allee*

# Die Gourmet-Tempel von Düsseldorf

**Hummerstübchen**
Ein bißchen außerhalb in Lörick, nah am Rhein in einem alten Backsteinhaus. Die Speisekarte bietet keineswegs nur Fisch und Schalentiere, aber Hummer in verschiedener Form ist eben die Spezialität. Außerdem gibt es noch Wild, Geflügel, einheimische Gemüse und was der Magen sonst begehrt. Zwei Sterne im Michelin. Menü ab 160 Mark. (O) *Di–Sa 18–22 Uhr, bei Messen auch So und Mo. Bonifatiusstraße 35, Tel. 59 44 02; am besten mit dem Auto zu erreichen*

**Im Schiffchen**
Die Topadresse der Düsseldorfer Gastronomie, mit drei Michelin-Sternen. Das Restaurant wird von Jean-Claude Bourgueil geführt, der aus dem Loire-Tal stammt. Eine Spezialität (unter vielen anderen) ist der in Kamillenblüten gedämpfte bretonische Hummer (99 Mark). Die Atmosphäre ist gediegen-elegant, aber keineswegs steif. Menü ab ca. 180 Mark. (O) *Di–Sa von 19–1 Uhr, an Feiertagen geschlossen, Kaiserswerther Markt 9 (im 1. Stock), Tel. 40 10 50, U79 Klemensplatz*

**Les Continents**
Die Restaurants der Hotels haben nicht immer den besten Ruf, aber das Les Continents im SAS Royal Scandinavia ist die vielgerühmte Ausnahme. Das Publikum besteht beileibe nicht nur aus Durchreisenden, auch die Düsseldorfer Genießer schätzen die Küche. Das fünfgängige Fischmenü z. B. kostet 100 Mark. (O) *Tgl. 12–15 und 18–23 Uhr, Karl-Arnold-Platz 5, Tel. 45 53-13 15, U78, U79 Golzheimer Platz*

**Savini**
Italienische Küche der Spitzenklasse im Hafenviertel, schräg gegenüber vom WDR. Private, angenehme Atmosphäre. Die Weinkarte wird den Kenner in Entzücken versetzen. Ein großes Menü ab 120 Mark. (A 5) *Mo–Fr 12–15 und 18–23 Uhr zu Messezeiten auch So, Stromstraße 47, Tel. 39 39 31, Bus 725 Zollhof*

**Victorian**
Hier kocht Günter Scherrer und beweist, daß er seine zwei Sterne verdient hat. In einer Seitenstraße direkt an der Kö im ersten Stock gelegen, ist das Victorian eine ausgesprochen exklusive Adresse. Das Ambiente ist eher englisch zurükhaltend, die Küche französisch orientiert. Für ein großes Abendmenü muß man mindestens 120 Mark bezahlen; mittags gibt es Preiswerteres. In der Victorian-Lounge im Parterre kann man sich zu durchaus zivilen Preisen den Genüssen immerhin schon nähern. (C 4) *Mo–Sa 12 bis 14.30 und 19–22.30, Königstraße 3a, Tel. 32 02 22, U-Bahnhof Steinstraße/Königsallee*

**Perle du Sud**
Auf den ersten, äußerlichen Blick von einer Autobahnraststätte kaum zu unterscheiden, da am südlichen Zubringer neben einer Tankstelle gelegen. Drinnen offenbart sich jedoch ein geräumig-familiäres Restaurant der gehobenen französischen Küche. Unbedingt nach den Tagesspezialitäten fragen. Keine Kreditkarten. (O) *Mo–Sa 12–15 und 19–24 Uhr, Südring 9, Tel. 348529, Straßenbahn 712 Südring oder 706 Kopernikusstraße*

**Pfifferling**
Gemütliches kleines Restaurant in Bilk, einem alten Arbeiterviertel, das saniert und mittlerweile von vielen Künstlern und Intellektuellen bewohnt wird. Vollwertküche, aber nicht nur vegetarisch. Dazu einige gute Bioweine zur Auswahl. (O) *Mo–Sa 18–24 Uhr, Binterimstraße 27, Tel. 3 19 06 88, S-Bahnhof Bilk*

**Piazza Palmieri**
Geschätzt nicht nur von Geschäftsleuten, eine Piazza, ein fast offener Treffpunkt, an dem man nur einen Drink nimmt oder ein Vier-Gänge-Menü. Die durchgehende Glasfassade paßt sich den umliegenden Geschäften der Trinkaus-Galerie an. (C4) *Mo bis Sa 10–24 Uhr, Königsallee 21–23, Tel. 32 94 11, U-Bahnhof Heinrich-Heine-Allee*

**Roberts Bistro**
★ Seit seiner Eröffnung *das* In-Lokal im Hafenviertel. Ausgezeichnete Neue Küche. Hier trifft sich alles aus Werbung, Politik und Geschäft und sitzt, zum Teil ziemlich eng, beieinander. Zu den Hauptessenszeiten immer voll, Reservierungen sind nicht möglich. Keine Kreditkarten. (A6) *Di–So 10–23 Uhr, Wupperstraße 2, Tel. 30 48 21, Straßenbahn 708 Wupperstraße/Bus 725 Zollhof*

**Simplizissimus**
Szenerestaurant in der Altstadt mit einer kleinen, guten Karte ohne Extravaganzen. Das Restaurant liegt hinter dem Barraum. Keine Kreditkarten. (C3) *Di–Fr 11.30–2, Sa und So 19–2 Uhr (Küche 12–14.30 und 18–23 Uhr), Ratinger Straße 46, Tel. 32 22 69, U-Bahnhof Heinrich-Heine-Allee/ Straßenbahn 717, U75, U76 Tonhalle*

**Tonhalle (T)**
Ein bißchen weit weg vom Zentrum in Kaiserswerth, aber der Weg lohnt sich. Angenehme, helle Räume im ehemaligen Postamt und gute französische Landhausküche. (O) *Tgl. außer Mo 12–23.30, Mo 18–23.30, So 10.30–23 Uhr, Klemensplatz 7, Tel. 40 13 00, U79 Klemensplatz*

**Zedern-Restaurant**
★ Ein libanesisches Restaurant mit exzellenten Vorspeisen, von denen man unbedingt verschiedene probieren sollte. Freitags und samstags, zu Messezeiten auch während der Woche Bauchtanzvorführung. (C2) *Tgl. 12–15 und 18–1 Uhr, Nordstraße 13 (in der Ladenpassage), Tel. 49 08 08, Straßenbahn 701, 711, 715 Nordstraße*

*Kategorie 3*
(Hauptgericht für eine Person 14 bis 25 Mark)

**Bellissima**
Sehr beliebtes Restaurant in Derendorf. Die Pasta und die An-

tipasti sind das Beste auf der Karte. (O) *Tgl. 12.30–15 und 18 bis 24 Uhr, Frankenstraße 17a, Tel. 43 10 89, Bus 722, 727 Frankenplatz*

### Benders Marie

Hier sollte man in den Monaten mit »r« reinschauen, denn Benders Marie ist ein Muschelhaus. Dabei geht es hier durchaus rustikal zu. »Muscheln rheinische Art« z.B. ist etwas Deftiges. Wer den Tierchen gar nichts abgewinnen kann, bekommt auch ein Stück Braten serviert. (C4) *Di–So 12–24, von Mai–Juli 17–24, Sa und So 12–24 Uhr, Andreasstraße 13, Tel. 13 11 61, U-Bahnhof Heinrich-Heine-Allee*

### Maassen im Hafen (Erdgeschoß) (T)

★ Rustikales Fischrestaurant in einer gekachelten Halle im Hafenviertel. Oben geht es teuer und gediegen zu. Im preiswerteren und deshalb hier empfohlenen Erdgeschoß muß man sich nach Aufruf sein Gericht selbst beim Koch abholen. Das erste Gläschen Wein gibt's obendrein umsonst. Sonntagmorgens Jazz, im Sommer eine große Terrasse direkt über dem Hafenbecken. (O) *Tgl. 12–24 Uhr, Kaistraße 4, Tel. 39 61 25, Bus 725 Franziusstraße*

### Maassen in der Altstadt (T)

Maassen ist das beste Fischgeschäft in Düsseldorf. Nebenan ist das Fisch-Restaurant in hellen, großen Räumen. Zu empfehlen ist unter anderem eine der Fischsuppen, gerade richtig für zwischendurch. Jeden zweiten und jeden vierten Sonntag im Monat gibt es eine »Pellkartoffel-Party« mit Live-Musik von 11.30–15 Uhr. (B4) *Tgl. 11–22.30 Uhr, Berger Straße 3, Tel. 32 88 94, Straßenbahn 703, 706, 712, 713, 715 Benrather Straße*

### Pegasos

Auf den ersten Blick mag einem das Pegasos wie ein normales griechisches Restaurant in schönen großen Räumen vorkommen. Der Eingeweihte aber erkennt unter den Tafelnden rasch die bekannten und nicht ganz so bekannten Vertreter der

*Die beste Altstadt-Adresse für Fisch*

Kunst- und Kulturszene. Gute Fischgerichte; nach den Tagesspezialitäten fragen. Keine Kreditkarten. (C 6) *Tgl. 11–1 Uhr, Kirchfeldstraße 50/Ecke Elisabethstraße, Tel. 38 29 10, Straßenbahn 703, 706, 712, 713, 715 Kirchplatz*

**Pilsner Urquell**
Eine Zuflucht für den Alt-Feind in der Altstadt. Hier erhält der Gast ein zwischen Kühlschlangen gut und lang gezapftes Pilsner und Budweiser. Die Räume sind gemütlich-rustikal, das Essen ist böhmisch mit russischen und anderen Einsprengseln. (C 4) *Tgl. 12–1, So 16–1 Uhr, Grabenstraße 6, Tel. 13 13 65, U-Bahnhof Heinrich-Heine-Allee*

**Schnecke**
In der Nähe der Börse, aber man muß kein Spekulant sein, um sich die Köstlichkeiten leisten zu können. Die Karte wechselt täglich, je nach Markt, und bietet italienische, badische oder selbstentwickelte Gerichte. Vorne an der Bar kann man auch einfach mal auf ein Glas zwischendurch reinschauen; die sehr guten Grappe und Weine sind verführerisch. (D 4) *Mo-Sa 11–24 Uhr, Kreuzstraße 17, Tel. 35 99 22, Straßenbahn 701, 711 Steinstraße., 707 Klosterstraße*

**Tepito**
★ ✝ Mexikanisches Restaurant der besseren Sorte in ungewöhnlichen Räumen in der alten Maoam-Fabrik, die jetzt als sogenanntes Creativ-Center verschiedene Firmen beherbergt. Sie sollten unbedingt die Cocktails probieren. Keine Kreditkarten. (O) *Mo–Sa 17 bis 1, So und feiertags 11–1, So und feiertags Mexican Brunch 11–15 Uhr, Hildebrandtstraße 24 (auf die Wegweiser im Gebäude achten), Tel. 34 26 13, Straßenbahn 701, 711 Färberstraße*

**Trattoria Emiliana**
Rustikale Trattoria mit ausgezeichneten Vorspeisen und wunderbarer Pasta und allem, was Italiener gerne essen. Immer gut besucht, daher muß man schon mal bei einem Wein an der Bar warten. Keine Kreditkarten. (E 3) *Mo–Fr 12–15 und 18–22 Uhr, Adlerstraße 42, Tel. 35 01 23, Straßenbahn 704/Bus 722, 727 Adlerstraße*

## STEHRESTAURANTS

**Delikatessa**
Eine Ladenstraße der Spitzenklasse im Basement des Carsch-Hauses. An allen Ecken gibt's Stehrestaurants, in einigen, z.B. in der japanischen Sushi-Bar, kann man auch sitzen. Vegetarische, bayerische, italienische, sowie Fischspezialitäten; Bier- und Champagnerausschank. Ideal für gute Snacks zwischendurch oder als Stärkung nach dem Einkaufen. (C 4) *Mo, Di, Mi, Fr 9–18.30, Do 9–20.30, Sa 9–14 Uhr, Heinrich-Heine-Platz 1, U-Bahnhof Heinrich-Heine-Allee*

**Olio**
Wunderbare Pasta in einem kleinen Laden in Derendorf! Nur wenige, häufig wechselnde Nudelgerichte. Nicht ganz zentral, aber der Nudelliebhaber, der Gelegenheit für einen kleinen Abstecher hat, sollte sie nutzen; am besten nicht genau zur Mittagszeit kommen. Im Olio werden auch ausgesuchte Öle, Essige und andere italienische Spezialitäten verkauft. (C 1) *Mo–Sa durchgehend von 12–18.30 Uhr, Pfalzstraße 13, Tel. 4 91 12 23, Straßenbahn 701, 711, 715, Venloer Straße/U78, U79 Klever Straße*

# Shopping mit Pfiff

*Einkaufen gehört zum Pflichtprogramm – Die Konsumtempel stehen dichtgedrängt und versetzen auch die Verwöhnten in Kaufrausch*

Einkaufen in Düsseldorf kann schwierig sein, und das selbstredend nicht wegen der geringen Möglichkeiten, sondern weil im Gegenteil ein Überangebot an Luxus hier erst deutlich macht, was »Qual der Wahl« bedeutet. Das betrifft vor allem den Modesektor. Einige der deutschen Top-Designer kommen aus Düsseldorf oder haben es hier zu etwas gebracht. Namen wie Toni Gard, Ursula Conzen, Beatrice Hympendahl oder Uta Raasch sind die bekannteren, aber längst nicht die einzigen. Auch Firmen wie Comma oder Tristano Onofri prägen den Ruf der Stadt. Sechsmal im Jahr findet außerdem die Modemesse Igedo bzw. Collections Premieren statt. Mode ist für Düsseldorf also auch und vor allem ein Geschäft.

Junge, unangepaßte Off-Mode tut sich da eher schwer; in Berlin beispielsweise findet man sicher weit mehr solcher Ateliers. Aber auch Düsseldorf unterstützt den Nachwuchs. Die neuen Talente werden in der Modeschule im Schloß Eller ausgebildet, und vor kurzem hat die Stadt mit Unterstützung des Landes sowie verschiedener privater Sponsoren ein ehemaliges Gymnasium in Oberkassel zum Atelierhaus mit Laufsteg umgewandelt, damit junge Designer hier unter günstigen Bedingungen die ersten Schritte ins Geschäftsleben wagen können.

*Marmor, Glas und Messingglanz: die Kö-Galerie, Treffpunkt für Leute, die Luxus zu schätzen wissen*

Mode spielt sich in Düsseldorf also vor allem im gehobenen monetären Bereich ab. Ein angenehmer Nebeneffekt der intensiven Konzentration auf den schönen Schein besteht immerhin darin, daß es einige Second-Hand-Läden gibt, die von den Damen der Gesellschaft ständig mit Designer-Klamotten versorgt werden, welche gerade eine Saison alt sind. Wer auf sich hält, kann zum Beispiel Abendgarderobe nur einmal tragen – zum Vorteil derer, die nicht so hohen Anforderungen genügen müssen. Zum Saisonschluß verkaufen die Ateliers und Niederlassungen übrigens oft ihre Kollektionsteile; häufig findet man entsprechende Ankündigungen in der »Rheinischen Post«.

Aber es gibt nicht nur die Mode. Für Kenner ist beispielsweise das Antiquitätenviertel in der Karlstadt eine Versuchung, der sich nur standhafte Charaktere entziehen können. Für

## MARCO POLO TIPS FÜRS SHOPPING

**1 Brigitte Roos**
Man sollte weder altmodisch noch übertrieben damenhaft sein, wenn man ihre Hut-Creationen tragen will (Seite 69)

**2 Gewürzhaus**
Nur hier erfahren Sie, was das Geheimnis von ABB ist (Seite 64)

**3 Ela**
Ein Laden, in dem auch Elvis kaufen würde (Seite 69)

**4 Temps perdu**
Im Blauen Palais findet man sie wieder (Seite 61)

**5 Mae's**
Second hand, die wie First hand aussieht, aber nur halb soviel kostet (Seite 69)

**6 Macke und Co**
Kleine Fehler, die Preisvorteile bringen (Seite 66)

**7 Dolf Selbach**
Der mehrfach preisgekrönte Herrenausstatter von Weltruf (Seite 63)

**8 Trödelmarkt am Aachener Platz**
Für echte Trödel-Fans genau das Richtige (Seite 62)

Sammler sehr interessant ist auch die reiche Galerienlandschaft; viele Galerien sind mit ihren Exponaten nicht weit von den schon etablierten Werken in der Kunstsammlung entfernt.

Haupteinkaufsmeile für den gehobenen Geschmack und den leistungsfähigen Geldbeutel ist natürlich die Kö (= Königsallee) mit ihren Seitenstraßen. Hier findet man alles, was internationalen Rang und Namen hat: Armani, Escada, Bogner, Yves Saint-Laurent, Cartier, Nino Cerruti, Umberto Ginochetti, Max Mara usw. usf. Eine besonders dichte Konzentration an Geschäften auf der eh schon dichtbesiedelten Kö sind die verschiedenen Knotenpunkte um die Innenhöfe herum. Größte dieser Einkaufspassagen ist die Kö-Galerie; sternförmig laufen hier verschiedene Ladenstraßen mit mehreren Stockwerken, *Malls* genannt, auf einen Mittelpunkt zu, das Forum, in dem verschiedene Cafés und Restaurants den erschöpften Kunden wieder aufpäppeln. Auf der westlichen Seite der Kö, der sogenannten *stillen Kö* befinden sich die Trinkaus-Galerie und das WZ-Center. Die Geschäftsausläufer der Prachtmeile reichen bis in die Altstadt. Doch gerade in der Altstadt gibt es neben den zum Teil sehr teuren Läden zahlreiche preiswerte Boutiquen und kleine Lädchen, in denen man auch für weniger Geld einiges findet.

Günstiger als die Kö ist auch die Schadowstraße mit der Schadowpassage an deren westlichem Ende. Mehr als 150 Geschäfte mit rund 3 Milliarden Mark Umsatz im Jahr machen sie zur Straße mit dem höchsten Einzelhändlerumsatz in der Bundesrepublik. Hier findet man neben zahlreichen Schuhgeschäften, Textilkaufhäusern und Boutiquen auch Phono- und Hifi-Läden. Noch etwas preiswerter ist die Friedrichstraße mit vielen kleinen Läden sowie zwei gutsortierten Buchhandlungen.

Die Geschäfte in der Stadtmitte sind zumeist durchgehend von 9.30–18.30 Uhr geöffnet, die Designer-Boutiquen und Geschäfte der Oberklasse auf der Kö öffnen häufig erst um 10 Uhr. Der Dienstleistungsabend (donnerstags; Ladenschluß erst um 20.30 Uhr) wird in der City von den meisten Geschäften angeboten. An Samstagen wird um 14 Uhr geschlossen. Lange Samstage gehen von April bis September um 16 Uhr zu Ende, von Oktober bis Januar um 18 Uhr.

Ladenöffnungszeiten werden im folgenden nur angegeben, wenn sie hiervon abweichen.

## ANTIQUARIATE

Eine ganze Reihe von schönen Antiquariaten, die zum Teil auf bestimmte Themenbereiche spezialisiert sind, gibt es auf der *Bilker Allee*. Hier lohnt sich für Interessierte ein Bummel. Die meisten öffnen ab 11 Uhr.

### Bender

Bei Bender gibt es nicht nur wertvolle alte Bücher und Stiche, sondern auch alte Weine, die man eher sammelt als trinkt. (C4) *Von 12.30–13.30 Uhr geschl. Trinkaus-Galerie, Königsallee 22, U-Bahnhof Heinrich-Heine-Allee*

### Ganseforth

Erstausgaben deutscher Literatur, Klassikersonderausgaben, Kupferstiche. (B 5) *Hohe Straße 47, Straßenbahn 704, 709, 719 Poststraße*

### Heinrich-Heine-Antiquariat

Sehr schöner Laden in einer ruhigeren Straße in der Altstadt. Natürlich Heine-Ausgaben, aber auch Klassiker und geisteswissenschaftliche Literatur. (B4) *Citadellstraße 9, Straßenbahn 704, 709, 719 Poststraße*

## ANTIQUITÄTEN

Die Karlstadt, das Gebiet südlich des Karlplatzes, ist das Viertel der Antiquitätengeschäfte. Hier sind auf engem Raum zahlreiche Läden zu finden, einer verführerischer als der andere.

### Art Deco

Wie der Name schon sagt: exquisite Möbel und Objekte. (B4) *Bilker Straße 8, Straßenbahn 703, 706, 712, 713, 715 Benrather Straße*

### Spieldosen P. J. Walter

Hier gibt es wertvolle alte Spieldosen und Fingerhüte. Ein Tip für Sammler und für Leute, die ein schönes Geschenk kaufen möchten. (C4) *Obere Kö-Galerie, Königsallee 60, U-Bahnhof Steinstraße/Königsallee*

### Temps perdu

★ Ganz verloren ist sie noch nicht; hier kann man sogar noch in ihr schwelgen. Ausgesprochen schöne Jugendstilmöbel. (C4) *Mo–Fr 11–14 und 15–18.30, Sa 10–14 Uhr, Blaues Palais, Bastionstraße 33, Straßenbahn 703, 706, 712, 713, 715 Benrather Straße*

## AUKTIONEN

### Auktionshaus Kö 76

Hier finden täglich Versteigerungen von Teppichen, Silber, Kleinmöbeln und Porzellan statt. Angeboten werden auch preiswerte Sachen, so daß selbst Unerfahrene bisweilen etwas wagen können. (C4) *Königsallee 76, U-Bahnhof Steinstraße/Königsallee*

## FLOHMÄRKTE

### Aachener Platz

★☆ Das ist noch ein richtiger Trödelmarkt mit jeder Menge nützlichem und beinahe noch mehr unnützem Kram. Von gebrauchten Nägeln bis zu alten Klamotten und Barockschränken findet man auf dem großen Areal am Südring alles, was das Herz begehrt. Hier kann man durchaus ein Schnäppchen machen. (O) *Jeden Samstag von 9–14 Uhr, Aachener Platz, Straßenbahn 712*

### Radschlägermarkt

Ein riesiger Trödelmarkt in den Großmarkthallen und drumherum. Auch hier gibt es den ganz billigen Trödel, aber ebenso Sammlerstücke, Zinnfiguren, jede Menge Porzellan und Gläser. Viele Stände mit alten Büchern und Kleidern; günstige alte Möbel. (O) *Jeden zweiten Sonntag im Monat. Ulmenstraße, Straßenbahn 707, 715 Großmarkt*

## GALERIEN

In Düsseldorf gibt es weit über 100 Galerien. Adressen und Ausstellungshinweise finden Sie im »Offiziellen Monatsprogramm« sowie im Faltblatt »Düsseldorfer Kunst- und Galerie-Kalender«, das vierteljährlich erscheint.

### Konrad Fischer

Konrad Fischer studierte zusammen mit Gerhard Richter und Sigmar Polke an der Akademie, vom berühmten Alfred Schmela wurde er zum Wechsel ins Galeristendasein animiert. Bei Fischer findet sich nahezu alles, was in der Minimal-, Concept- und Land-art wichtig ist. Fischer begann mit avantgardistischer Skulptur, die Maler kamen später dazu. In zwei Galerien stellt er neben den internationalen auch Künstler aus dem Düsseldorfer Umfeld aus, u.a. Thomas Schütte und Gerhard Merz. (F3) *Di–Fr 11–18 Uhr, Platanenstraße 7, Tel. 68 59 08, Straßenbahn 709, 719 Wetterstraße; (C3) Di–Fr 15–18, Sa 11–14 Uhr, Mutter-Ey-Straße 5, Tel. 32 41 05, U-Bahnhof Heinrich-Heine-Allee*

### Gmyrek

Wolfgang Gmyrek zeigt, ebenfalls in zwei Häusern, vor allem figurative Malerei mit Schwerpunkt auf den Berliner *Jungen Wilden* und ihren »Vätern«, der *Neuen Figuration.* Neben anderen vertritt er K.H. Hödicke, Konrad Klapheck, Markus Lüpertz, Norbert Tadeusz und Bernd Zimmer. (C3) *Di-Fr 11–18, Sa 11–14 Uhr, Mutter-Ey-Straße 5, Tel. 32 77 70,* und Gmyrek Graphik, (A3) *Do und Fr 11–18, Kaiser-Wilhelm-Ring 49, Tel. 32 77 70, Straßenbahn 717, U70, U75, U76 Luegplatz*

### Tabea Langenkamp

Sie gehört zu den jungen Galeristen, die neue Akzente in die Galerielandschaft der Etablierten setzen. 1989 eröffnete die ehemalige Assistentin von Konrad Fischer ihre Räume in einer alten Villa in Oberkassel. Thematisch konzentrierte sich sich vor allem zu Anfang auf figurative Malerei; einige ihrer Künstler sind Meisterschüler von Gerhard Richter oder Alfons Hüppi. Da sie vorwiegend jüngere Künstler vertritt, sind ihre Preise auch noch bezahlbar. (O) *Di–Fr 15–19, Sa 10–14 Uhr, Düsseldorfer Straße 25a, Tel. 57 26 44, Bus 835*

**Hans Mayer**
Hans Mayer gehört zu den wichtigsten Galeristen in Düsseldorf. Sein Spektrum umfaßt verschiedene Strömungen der internationalen Malerei und Bildhauerei. Er lud Andy Warhol nach Deutschland ein und zeigte Robert Rauschenberg und Roy Lichtenstein. Die Liste seiner Künstler besteht u. a. aus Willem de Kooning, Imi Knoebel, Nam June Paik, Keith Haring, Günter Uecker. (C 3) *Mo–Fr 9.30–18, Sa 10–14 Uhr, Grabbeplatz 2, Tel. 13 21 35, Bus 778; (A 6) Di–Fr 11 bis 18 Uhr im Hafen, Kaistraße 10, Bus 725 Zollhof*

**Niepel**
Hans-Jürgen Niepel ist seit 1957 Galerist, lange Jahre war seine Galerie mit einer anspruchsvollen Buchhandlung verbunden. Sein Programm besteht im wesentlichen aus figurativer Malerei; Skulptur und Kleinplastik sind ein anderer wichtiger Schwerpunkt (B 4) *Di–Fr 15–18, Sa 10–13 Uhr, Orangeriestraße 6, Tel. 13 16 66, Straßenbahn 703, 706, 712, 713, 715 Benrather Straße*

**Paffrath**
Die Galerie ist schon in der fünften Generation eng mit der Düsseldorfer Malerschule verbunden. Johann Baptiste Paffrath baute zunächst als Schreiner die Kisten für den Versand von Gemälden, seit den sechziger

*Schaufensterauslage an der Kö*

Jahren des 19. Jhs. handelte er auch mit ihnen. Bei Paffrath sind Künstler wie die Brüder Achenbach, Johann Wilhelm Preyer, Max Clarenbach und andere zu finden. (C 4) *Mo–Fr 10–18, Sa 10–13 Uhr, Königsallee 46, Tel. 32 64 05, U-Bahnhof Steinstraße/ Königsallee*

## HERRENAUSSTATTER

**Ern**
Maßschneider für klassisch-anspruchsvolle Herrenhemden. (C 5) *Königsallee 94, 1. Stock, Straßenbahn 701, 709, 715 Berliner Allee*

**Lothar Geissler**
Internationale klassische Herrenmode. (C 5) *Königsallee 92a, Straßenbahn 701, 709, 715 Berliner Allee*

**Dolf Selbach**
★ Er hat den deutschen Mann aus dem Anzug-Korsett geholt und avantgardistische Herrenmode salonfähig gemacht. (C 5) *Berliner Allee 57, Straßenbahn 701, 715 Berliner Allee*

**Herbert Stock**
Keine Extravaganzen mutet Herbert Stock seinen Kunden zu. Für

den gediegenen Herrn in Geschäft und Leisure-time. (C4) *Königsallee 82, U-Bahnhof Steinstraße/Königsallee*

## KINDERMODE

**Barbara Frères**
Für die kleinen Begleiter in der Welt des Luxus und der Moden. (C5) *Königsallee 92, Straßenbahn 701, 707, 709, 715 Berliner Allee*

**Katrin Georgia**
Damit die Babys zu ihren teuer und schick angezogenen Müttern passen. Babyausstattung von 0–4 Jahre, (C4) *Kö-Center, Martin-Luther-Platz 32, U-Bahnhof Steinstraße/Königsallee*

## KURIOSES, MITBRINGSEL UND SONSTIGES

**Otto Bittner**
In der Konditorei Bittner am Karlplatz gibt es Radschläger, das Wahrzeichen von Düsseldorf, aus Marzipan oder Schokolade. Da man sie kaum mehr in natura erlebt, ist das wenigstens ein süßer Ersatz. (B4) *Karlplatz 20, Straßenbahn 703, 706, 712, 713, 715 Benrather Straße*

**Gewürzhaus**
★ Hier gibt's die echten Mostertpöttchen. Für Nicht-Rheinländer: Das heißt Senftöpfchen. Mit Mostert ist aber beileibe nicht der Löwensenf gemeint, der mittlerweile Weltruhm erlangt hat, sondern der »richtige« Düsseldorfer Senf. Er wird lose oder in schönen Steinguttöpfen verkauft, die alle den Düsseldorfer Anker und die Buchstaben ABB tragen, die Initialen des Namengebers Adam Bernhard Bergrath. Seit 1781 wurde die Fabrik von der Familie geführt, hergestellt wurde der Senf aber in der ersten deutschen Senffabrik bereits seit 1726. Cornelius Berg-

*Den einzig wahren Düsseldorfer Senf gibt es hier zu kaufen*

rath, der Kastellan des Schlosses, hat dann das streng gehütete Rezept geerbt. Mittlerweile wird der Senf unter der Regie des Senfimperiums Appel & Frenzel hergestellt, aber trotzdem gibt es den echten Düsseldorfer Mostert nur hier zu kaufen. (B4) *Mertensgasse 25, U-Bahnhof Heinrich-Heine-Allee*

**Killepitsch**
Ein uriger kleiner Laden im Herzen der Altstadt verkauft Alkohol der besonderen Art, nämlich den Killepitsch, eine Düsseldorfer Spezialität. Es handelt sich bei dem Gebräu um einen Kräuterlikör, der nach einem Geheimrezept hergestellt wird. Nebenan im »Kabüffke«, was soviel wie ärmlich kleine Kammer bedeutet, aber eine gemütliche Steh-Kneipe ist, kann man vor dem Kauf mal ein Gläschen probieren. (B4) *Flinger Straße 1, U-Bahnhof Heinrich-Heine-Allee*

**Kyo-to**
Beste japanische Lackarbeiten, Gläser und Porzellane, alles für die Teezeremonie, Stäbchen, Tabletts und sonst noch einiges. Alles sehr, sehr fein und sehr, sehr teuer. (D4) *Immermannstraße 26, Straßenbahn 707 Klosterstraße*

**Marktplatz 11**
Dekorativ-geschmackvoller Überfluß aus aller Welt für alle möglichen Gelegenheiten. Hier schaut man sich schon mal fest. (B4) *Marktplatz 11, U-Bahnhof Heinrich-Heine-Allee*

**Mitsukoshi**
Ein Laden, in dem man all das kaufen kann, was Japaner gern aus Deutschland mit nach Hause bringen: Nußknacker, Mundharmonikas, Bierkrüge oder echtes Meissner Porzellan. Außerdem noch Dunhill-Pfeifen. Die Bücher-Abteilung konzentriert sich in japanisch, deutsch und englisch auf japanische Themen. (D4) *Immermannstraße 45, Straßenbahn 707 Klosterstraße*

**Ela Reck**
Das Motto ist: Dinge zum Wohlfühlen. Und das bedeutet bei den ehemaligen Modeleuten, die mal was ganz anderes machen wollten, Handgemachtes von der Pasta bis zum Himmelbett. Italienische Delikatessen, französisches Steingut, Textiles aus Mexiko und Afghanistan und ein wenig Kunst sind auch dabei. Im Hof soll noch ein kleines Restaurant eröffnet werden. (C4) *Hohe Straße 45, Straßenbahn 704, 709, 719 Poststraße*

**Sieger Design**
Wohn-Accessoires, Schmuck, Uhren, Ledertaschen und einiges mehr – von Designern, aber mit kleinen Fehlern und deshalb besonders günstig, oder gut nachgemachte Designerware und deshalb auch besonders günstig. (B4) *Kapuzinergasse 22, U-Bahnhof Heinrich-Heine-Allee*

## MODE

**Guido Boehler**
Klassik auch für jüngere Damen, hochwertige Materialien. (C4) *Kö-Center, Königsallee 36, U-Bahnhof Steinstraße/Königsallee*

**Bonnie**
Verrückte junge Mode, von bekannten Designern wie z.B. Kenzo. Auch Schuhe und Kin-

derkleidung. (C4) *Trinkaus-Galerie, Königsallee 21, U-Bahmhof Heinrich-Heine-Allee*

**Cazzou**
Extravagante, aber noch gut tragbare Mode, auch für den Abend, von jungen Designern aus und um Düsseldorf. (C5) *Bahnstraße 16, U-Bahnhof Steinstraße/Königsallee*

**Anena Chanel Boutique**
Das nach dem Mutterhaus in Paris wahrscheinlich bestsortierte Chanel-Geschäft. (C4) *Kö-Center, Königsallee 30, U-Bahnhof Steinstraße/Königsallee*

**Eickhoff**
Eickhoff hat zwei Läden auf der Kö, einmal die Boutique mit exzentrischen Designer-Kollektionen (Nr. 30) und das Modehaus mit den nicht ganz so ausgefallenen Modellen (Nr. 56). (C4) *U-Bahnhof Steinstraße/Königsallee*

**Toni Gard**
Ein ganz Solider und schon seit 1965 dabei. In zwei Geschäften klassisch schöne und trotzdem schwungvolle Mode. Für Damen und Herren (C4) *Martin-Luther-Platz 32, U-Bahnhof Steinstraße/Königsallee; nur für Damen: (C4) Trinkaus-Galerie, Königsallee 21, U-Bahnhof Heinrich-Heine-Allee*

**Heinemann**
Elegantes und nicht gerade preiswertes Modehaus für sie und ihn. (C4) *Königsallee 18, Straßenbahn 701, 703, 706, 711, 712, 713, 715 Jan-Wellem-Platz*

**Hermès**
Konservativ-gediegen und allen kurzlebigen Modeschwankungen gegenüber immun. (C4) *Schadowplatz 11, Straßenbahn 701, 703, 706, 711, 712, 713, 715 Jan-Wellem-Platz*

**Nic Janik**
Einer der erfolgreichen Newcomer der Branche. Mode für Geschäftsfrauen, aber mit Pfiff und witzigen Details – und nicht ganz so teuer. (C4) *Kö-Center, Königsallee 36, U-Bahnhof Steinstraße/Königsallee*

**Ane Kenssen**
Avantgardistisch streng und zugleich sehr witzig ist die Strickmode von Ane Kenssen. Die hochwertige Ware und das gute Design haben allerdings ihren Preis. (C4) *Von 14–15 Uhr geschl. Grabenstraße 9, U-Bahnhof Heinrich-Heine-Allee*

**Lore Lang**
Eine exzellente Haute-Couture-Schneiderin, die ihre Modelle neben anderen Designerkollektionen auch in der eigenen Boutique verkauft. (C4) *Steinstraße 11, U-Bahnhof Steinstraße/Königsallee*

**Lisa**
Freche, ausgefallene junge Mode. Bei Messen steht hier die nationale und internationale Konkurrenz und fotografiert die Modelle und die Dekoration zwecks Nachahmung zu Hause. (C4) *Trinkaus-Galerie, Königsallee 21, U-Bahnhof Heinrich-Heine-Allee*

**Macke und Co**
★ Designermode mit kleinen Fehlern oder Kollektionsteile, die bis zu 50 Prozent preiswerter sind als normal, da kann man bisweilen ein gutes Schnäppchen machen. (B4) *Mo–Fr 11–18, Sa*

*11–14 Uhr, Hohe Straße 35 (im Innenhof), Straßenbahn 709, 719 Poststraße*

**Mata-Hari-Passage**
Junge, ausgeflippte Mode vom T-Shirt bis zum Lederrock bieten die verschiedenen kleinen Läden dieser Passage in der Altstadt an. In der Mitte ist ein Café, in dem man seine Käufe begießen oder bereuen kann. (C4) *Im Carré zwischen Hunsrücken- und Flinger Straße, U-Bahnhof Heinrich-Heine-Allee*

**Uta Raasch**
Eine der bekanntesten deutschen Modemacherinnen, selbstbewußt und sprühend vor Lebendigkeit. (C4) *Kö-Galerie, Königsallee 60, U-Bahnhof Steinstraße/Königsallee*

**Ritterskamp**
Hochwertige internationale Designermode für Damen und Herren, von Lagerfeld bis Calvin Klein. (C4) *Trinkausstraße 7, U-Bahnhof Heinrich-Heine-Allee*

**Jil Sander**
Mode für den kühlen Charme der erfolgreichen Geschäftsfrau. (C4) *Kö-Center, Königsallee 28, U-Bahnhof Königsallee/Steinstraße*

**Uschi Sander**
Exquisite Couture-Schneiderin, die für die Damen der Gesellschaft schneidert, nicht nur der Düsseldorfer. (F3) *Tel. 66 14 34, Achenbachstraße 15, Straßenbahn 703, 712, 713 Lindemannstraße*

**Shirtmaker**
Für junge Leute mit einer Vorliebe für ausgefallene Hemden und Blusen lohnt sich der Weg nach Pempelfort. Schrille Farben und verrückte Muster bilden durchaus sympathische Kombinationen. Man kann sich sein Unikat-Hemd nach eigenen Entwürfen schneidern lassen (Fertigstellung in einer Woche, ab 180 Mark), es gibt aber auch fertige Modelle. (E2) *Tußmannstraße 5, Mo–Fr 12–18.30, Do bis 20.30, Sa 12–14 Uhr, Straßenbahn 706 Tußmannstraße*

*Shopping auf der Kö*

**Slupinski**
Ein alteingesessenes Düsseldorfer Geschäft, das klassische Pelzmode mit dem gewissen Etwas verkauft. (C5) *Königsallee 92, Straßenbahn 709, 719 Berliner Allee*

**Yuca**
Junge, sehr puristische Damenmode. (C4) *Obere Kö-Galerie, Königsallee 60, U-Bahnhof Steinstraße/Königsallee*

**Zarah**
Ausgefallene und teure Designermode für junge Erfolgreiche, unter anderem von Ozbek, Helmut Lang und Gaultier junior. (B4) *Karlplatz 4, Straßenbahn 703, 706, 712, 713, 715 Benrather Straße*

## SCHMUCK

**Friederike Holzer**
Sehr schöner antiker Schmuck, darunter viel Jugendstil, in dazu passender Umgebung in der Karlstadt. (C4) *Mo–Fr 11 bis 18.30, Sa 10–13 Uhr, Straßenbahn 703, 706, 712, 713, 715 Benrather Straße*

**René Kern**
Ein alteingesessener Düsseldorfer Juwelier der oberen Klasse. Sprechen sie vorher mit ihrer Bank. (C4) *Königsallee 26, Straßenbahn 701, 703, 706, 711, 712, 713, 715, Jan-Wellem-Platz oder U-Bahnhof Heinrich-Heine-Allee*

**Orfèvre**
Die Schmuck-Galerie bietet verschiedene Stile bzw. deren Kombination an: Antik-archaisches harmoniert überraschend gut mit punkig-bunten Elementen. Hochwertige Handarbeit, die ihren Preis hat. (C4) *Di–Fr 11 bis 18, Sa 11–14 Uhr, Bastionstraße 31, Straßenbahn 703, 706, 712, 713, 715 Benrather Straße*

**Pavé**
Wenn man nicht ganz so viel Geld ausgeben will und modernen, handgearbeiteten Schmuck von strengem, klaren Design mit technischen Raffinessen schätzt,

**»Büdchen«**

In Wirklichkeit liegen Düsseldorfs Einkaufsparadiese gar nicht an der Kö, und groß und glitzernd sind sie auch nicht. Die Rede ist von den Büdchen. Das ist die Verkleinerungsform von Bude, wie sie inzwischen auch der Duden kennt. Anderswo gibt es diese Einrichtung gar nicht, in manchen Gegenden heißt etwas Ähnliches Kiosk oder Trinkhalle. Das Büdchen ist kaum mehr als ein Fenster mit ein paar Regalen dahinter, aber es führt auf winzigem Raum fast alles, und zwar auch außerhalb der üblichen Ladenöffnungszeiten. Von Süßigkeiten über Alkohol, Zigaretten, Kinderspielzeug, Konserven wird bis zu Babywindeln alles über das dick mit Zeitungen bepackte Fensterbrett gereicht, was gerade am Wochenende oder zu einer anderen Zeit ausgegangen ist. Büdchen sind aber nicht nur Retter in der Not, sondern Treffpunkte ganzer Nachbarschaften, an denen man einen Schwatz hält und das eben gekaufte Eis gleich aufschleckt.

ist die Goldschmiede Pavé eine gute Adresse in der Altstadt. (B 4) *Bilker Straße 4, Straßenbahn 703, 706, 712, 713, 715 Benrather Straße*

## SCHUHE UND ACCESSOIRES

**Anena**
Klassisch-hochwertige Schuh-Boutique mit Modellen von Jil Sander, Vivier und anderen. (C 4) *Kö-Center, Königsallee 30, U-Bahnhof Steinstraße/Königsallee*

**Hutcouture M/V**
Sehr schöner großer Hutladen mit überwiegen klassischen Modellen. (C 4) *Obere Kö-Galerie, Königsallee 60, U-Bahnhof Steinstraße/Königsallee*

**Stéphane Kélian**
Avantgardistische Schuhe für junge und nicht mehr ganz so junge Damen, denen es Spaß macht, vom Scheitel bis zur Sohle aufzufallen. (C 4) *Kö-Center, Königsallee 28, U-Bahnhof Steinstraße/Königsallee*

**Brigitte Roos**
★ Ihr Motto ist: Spaß für den Kopf – mit Hüten von klassisch bis verrückt. Für Herren außerdem Borsalinos, Fliegen und Krawatten. Das alles handgearbeitet aus hochwertigen und oft auch ausgefallenen Materialien. (B 4) *Di–Fr 11–18.30, Sa 11–14 Uhr, Bastionstraße 23, Straßenbahn 703, 706, 712, 713, 715 Benrather Straße*

**Fausto Santini**
Strenge und klare Linien – das ist die Devise des italienischen Schuh-Designers. Solch kompromißlose Entschiedenheit hat natürlich ihren Preis. (C 5) *Königsallee 92a, Straßenbahn 701, 709, 715, 719 Berliner Allee*

**Weltweit & Brooker**
Ausgefallener Modeschmuck und Schuhe, die nicht auf leisen Sohlen daherkommen, z. B. von Gianni Versace. Aber auch handgenähte englische Herrenschuhe. And see to it that you have enough money with you! (C 5) *Bahnstraße 16, U-Bahnhof Steinstraße/Königsallee*

## SECOND HAND

**Check out**
Alle großen Designer, nur für Damen. (D 1) *Mo–Fr 11–18.30, Sa 11–14 Uhr, Blücherstraße 24, Straßenbahn 706 Marienhospital oder 701, 707, 711, 715 Dreieck*

**Ela**
★ Nichts für Leute, die auf Designer-Klamotten stehen, sondern für Liebhaber der amerikanischen sechziger und siebziger Jahre – mit dem passenden Modeschmuck und den stilechten Toastern. (D 6) *Mo–Fr 11.30 bis 18.30, Sa 11–14 Uhr, Fürstenplatz 5, Straßenbahn 707, 708 Fürstenplatz*

**Lila Moden**
Luxus aus erster und zweiter Hand bietet der Laden in der Karlstadt mit Jil Sander, Montana und anderen. (B 4) *Bilker Str. 18, Straßenbahn 703, 706, 712, 713, 715 Benrather Straße*

**Mae's**
★ Ausgesprochen hochwertige Damenmode, nur Designer-Namen. (O) *Cheruskerstraße 56, Straßenbahn 717, U70, U75, U76 Barbarossaplatz*

GÜNNEWIG
savoy
HOTEL
SEIT 1856
Café-Restaurant
128

# Traumhaft schlafen

*Prinzipiell steht Ihnen eine reiche Auswahl zur Verfügung – wenn nicht gerade Messegäste auch noch die letzte Badewanne belegen*

Düsseldorf ist ein teures Pflaster, das merkt man vor allem bei den Hotelpreisen. Besonders teuer wird es zu Messezeiten, und irgendeine Messe findet fast immer statt. Wenn Sie nicht schon lange vorher reserviert haben, bestehen kaum noch Chancen, eins der ca. 14 000 Hotelbetten zu ergattern. Selbst im weiteren Umkreis und in den Nachbarstädten ist dann alles ausgebucht. Als zusätzliche Kapazitäten gibt es während der großen internationalen Messen die Hotelschiffe entlang des Rheinufers, das sind große Luxusdampfer, in denen Sie sich in den Schlaf wiegen lassen können.

Eine preiswertere Möglichkeit sind Übernachtungen in Privatzimmern, zu Messezeiten werden über den Verkehrsverein ca. 3500 Betten in Privathaushalten vermittelt. Die Preise beginnen hier für Einzelzimmer bei 65, für Doppelzimmer bei 110, für Appartments bei 150 Mark. Es lohnt sich auch ein Blick in die Samstagsausgabe der »Rheinischen Post«; im Immobilienteil gibt es hier die Rubrik »Messe-Zimmer«.

*Das Savoy entspricht auch außen dem gehobenen Geschmack*

Wenn keine Messen sind, versuchen die Hotels ihre dann nicht genügend belegten Häuser mit attraktiven Sonderangeboten z.B. für Wochenendtrips besser auszulasten. Es lohnt sich, für solche Zeiten Erkundigungen einzuziehen und die Preise zu vergleichen.

Aus der umfangreichen Hotelliste sind nur einige herausgegriffen; vorwiegend solche, die nicht einer internationalen Hotelkette angehören, da deren Standard allgemein bekannt ist. Alle Preise gelten für Einzelzimmer inklusive Frühstück und Dusche oder Bad und WC. Doppelzimmer sind ca. 30 bis 40 Prozent teurer. In den Hotels der mittleren und einfacheren Kategorie gibt es häufig auch Zimmer ohne eigenes Bad oder WC, die dann entsprechend billiger sind. Die meisten Hotels sind auf Geschäftsreisende zugeschnitten, d.h. im international üblichen Design und mit der Standardausrüstung wie Telefon, Farbfernseher etc. Ein Hotel mit einer persönlichen Note zu finden ist eher schwierig.

Bei nahezu allen Hotels und Pensionen müssen Sie mit zum Teil erheblichen Preiserhöhungen während einer Messe rechnen. Auskunft und Zimmervermittlung über den Verkehrsverein, (E5) *Konrad-Adenauer-Platz (direkt gegenüber dem Hauptbahnhof), Tel. 35 05 05, Fax 16 10 71, Mo–Sa 8–22, So und Feiertage 16–22, bei großen Messen bis 23 Uhr*

## HOTELS PREISGRUPPE A

*(für Anspruchsvolle, 200 bis 500 Mark)*

**Arabella Airport**
Das Arabella wirbt für sich selbst als »Hotel mit eigenem Flughafen«. Über Zimmer-TV kann man die Ankunfts- und Abflugzeiten der jeweiligen Flieger abrufen. 200 Zi. (O) *Flughafen, Tel. 41 73-0, S7, S21/Bus 727*

**Eden**
Zur Best Western Gruppe gehört das Hotel Eden. Es bietet u.a. günstige Möglichkeiten für Tagungen in zentraler City-Lage. 129 Zi. (C5) *Adersstraße 29–31, Tel. 3 89 70, Straßenbahn 701, 709, 711, 715 Berliner Allee*

**Günnewig Savoy Hotel**
Zentral gelegenes komfortables Hotel 130 Zi. (D5) *Oststraße 128, Tel. 36 03 36, Straßenbahn 707/ U78 Oststraße/S7 Hauptbahnhof*

**Lindner Hotel Rheinstern**
Auf der »anderen« Seite, nämlich linksrheinisch gelegen, in einem Bürohochhaus-Viertel. 254 Zi. (O) *Emmanuel-Leutze-Straße 17, Tel. 5 99 70, Straßenbahn 717/Bus 836*

**Ramada**
Auch auf der linken Rheinseite, in enger Nachbarschaft von hohen Büro- und anderen Hotelgebäuden. 222 Zi. (O) *Am Seestern 16, Tel. 59 10 47, Straßenbahn 717/Bus 836*

**SAS Royal Scandinavia**
Sehr günstige Verbindungen zur Messe und in die Innenstadt. Einen sehr guten Ruf genießt das Restaurant »Les Continents«, das nicht nur von Geschäftsleuten geschätzt wird. 309 Zi. (O) *Karl-Arnold-Platz 5, Tel. 4 55 30, U78, U79 Karl-Arnold-Platz*

## HOTELS PREISGRUPPE B

*(für mittlere Ansprüche, 120 bis 200 Mark)*

**Achenbach**
★ Schöne alte Villa im Zooviertel. Sehr ruhig und trotzdem verkehrsgünstig. 28 Zi. (F2) *Achenbachstraße 17, Tel. 68 17 18, Straßenbahn 703, 712, 713 Lindemannstraße*

**Golzheimer Krug**
Schönes, gediegenes Hotel am Rhein, nicht weit von der Messe in einer ruhigen Villengegend. Gutes Restaurant. 34 Zi. (O) *Karl-Kleppe-Straße 20, Tel. 43 44 53-7, U78, U79 Reeser Platz*

**Haus am Zoo**
★ Modernes kleines Hotel mit persönlicher Atmosphäre im Zooviertel, zentral und trotzdem sehr ruhig. Attraktiver großer Garten mit Pool und Terrasse, in dem man sich verwöhnen lassen kann. 23 Zi. (O) *Sybelstraße 21, Tel. 62 63 33-35, Straßenbahn 708 Hansaplatz*

**Haus Oberkassel**
★ Die Jugendstilvilla ist besonders bei Gästen aus Kunst und Kultur beliebt, wahrscheinlich weil jedes Zimmer einem Maler gewidmet und mit Drucken und entsprechender Literatur ausge-

## MARCO POLO TIPS FÜR HOTELS

1 **Hotel Windsor**
Schlafen im englischen Jugendstil (Seite 74)

2 **Villa Fiore**
Schwelgen in italienischem Design (Seite 73–74)

3 **Haus Oberkassel**
Künstlerzimmer in der Jugendstilvilla (Seite 72–73)

4 **Haus am Zoo**
Villa mit großem Garten (Seite 72)

5 **Hotel am Hofgarten**
Klein und freundlich am Park gelegen (Seite 73)

6 **Haus Wilke**
Altmodischer Charme im schönen Oberkassel (Seite 75)

stattet ist; doch auch andere Besucher ohne künstlerische Interessen können sich hier wohlfühlen. Im Sommer sitzt man sehr schön auf der Terrasse mit dem Rosengarten. Die Räume sind individuell mit Möbeln des englischen Jugendstils eingerichtet. 10 Zi. (O) *Düsseldorfer Straße 93, Tel. 57 04 46, Bus 835, 836 Barmer Straße*

### Hotel am Hofgarten

★ Nettes kleines Hotel, sehr günstig gelegen zwischen Kaiserstraße und Hofgarten und für Düsseldorf relativ preiswert. In zehn Gehminuten erreicht man durch den Park die Altstadt und die Kö. 21 Zi. (C2) *Arnoldstraße 5, Tel. 4 93 13 82, Straßenbahn 701, 711, 715, U78, U79, Nordstraße*

### La Casa Uno

Italienisch eingerichtetes Hotel in einer schönen Villenstraße nahe Messe und Flughafen. 11 Zi. (O) *Lantzallee 12, Tel. 45 36 66, Bus 730*

### Michelangelo

Freundlich-modernes Hotel in Derendorf. Bei Messegästen besonders beliebt, weil der Messebus und der Flughafenbus direkt vor der Tür halten. 70 Zi. (O) *Roßstraße 61, Tel. 48 01 01, Bus 722, 727 Bankstraße*

### Rheinterrasse

Im Düsseldorfer Süden, in schöner Lage direkt am Rhein und am Park des Benrather Schlosses. Das Restaurant bietet gehobene gutbürgerliche Fisch- und Wildgerichte. 43 Zi. (O) *Benrather Schloßufer 39, Tel. 99 39 90, Straßenbahn 701 Kappeler Straße*

### Schnellenburg

Direkt am Rhein und gegenüber dem Messegelände gelegen. Wer abends nichts mehr von Geschäften wissen will, kann im Restaurant sitzen und die großen Kähne auf dem Fluß an sich vorbeiziehen lassen. 50 Zi. (O) *Rotterdamer Straße 120, Tel. 43 41 33, Bus 722 Messe-/Congreßcenter*

### Villa Fiore

★ Für Liebhaber des italienischen Designs eine Entdeckung. Außergewöhnlich geschmackvoll eingerichtetes neues Hotel in Messe-Nähe. Ein Teil der Zimmer hat Balkon oder Terrasse, der Frühstücksraum erinnert an ein Mailänder Café. 11 Zi. (O) *Niederrheinstraße 270, Tel. 4 08 90 17, U79 Alte Landstraße*

**Windsor**

★ Prachtvolles, im Jugendstil gestaltetes Hotel in einem ehemaligen Patrizierhaus. Jedes Zimmer ist mit Antiquitäten eingerichtet und bietet trotzdem allen modernen Komfort. Hier ist der Gast keine Zimmernummer. 19 Zi. (E3) *Grafenberger Allee 36, Tel. 67 10 91-93, S1, S6, S7, S21/ Straßenbahn 703, 712, 713/Bus 736, 746, 781 Wehrhahn*

## HOTELS PREISGRUPPE C

*(für einfache bis mittlere Ansprüche, 60 bis 150 Mark)*

**CVJM**

Direkt am Bahnhof liegt das Haus des Christlichen Vereins (nicht nur) für junge Männer. EZ mit fließend Wasser ab 60 Mark. 27 Zi. (D 5) *Graf-Adolf-Straße 102, Tel. 36 07 64, alle Linien zum Hauptbahnhof*

## Düsseldorfer Luxushotels

**Breidenbacher Hof**

Gediegenes Hotel gegenüber der Altstadt, nicht weit von der Oper. Das Haus, dessen Grundstein 1812 gelegt wurde, wurde nach Zerstörungen im Zweiten Weltkrieg originalgetreu und geschmackvoll wieder aufgebaut. Einrichtung, Ambiente und Service machen es zu einem »Hotel für Leute, die eigentlich keine Hotels mögen«. 132 Zi, ab 290 Mark. (C4) *Heinrich-Heine-Allee 36, Tel. 1 30 30, U-Bahnhof Heinrich-Heine-Allee*

**Nikko**

Unweit des Bahnhofs, mitten im japanischen Zentrum, präsentiert sich dieses Hotel mit sehr schönem Pool und guten japanischen Restaurants im Hause sowie in der näheren Umgebung. 301 Zi., ab 325 Mark. (D4) *Immermannstr. 41, Tel. 83 40, U78/S7/Bus 722*

**Steigenberger Parkhotel**

Traditionsreiches Hotel, in dem sich auch die Räume des vornehmen Industrieclubs befinden. Das Haus liegt ebenfalls sehr günstig zwischen Hofgarten, Oper und Altstadt. 160 Zi, ab 315 Mark. (C3) *Corneliusplatz 1, Tel. 1 38 10, U-Bahnhof Heinrich-Heine-Allee*

**Villa Viktoria**

Ein Nur-Suiten-Hotel in ruhiger Lage, nicht weit von Messegelände und Altstadt entfernt, das vor allem auf Geschäftsreisende zugeschnitten ist; auf Wunsch werden Fax und zusätzliche Telefone installiert. Die Preise reichen von 340 bis 1090 Mark pro Suite, Frühstück 25 Mark. 40 Suiten. (O) *Blumenthalstraße 12, Tel. 46 90 00, Straßenbahn 707, 715 Spichernplatz*

**Gästehaus Lohauser Hof**
Nette, einfache Zimmer in einem Bauernhof aus dem 17. Jh. Nahe am Flughafen, dafür aber auch direkt am Lantz'schen Park. 8 Zi. (O) *Lohauser Dorfstraße 53, Tel. 43 29 93, Bus 730 Anna-von-Krane-Straße*

**Lohausen**
Freundliche kleine Familienpension mit Garten. 8 Zi. (O) *Lohauser Dorfstraße 7, Tel. 43 28 70, U79 Flughafenstraße*

**National**
Sachlich-modernes, gut ausgestattetes Hotel im Herzen von Derendorf. Neben den 35 Zi. gibt es auch noch 5 Apartments für längere Aufenthalte. (C 1) *Schwerinstraße 16, Tel. 49 90 62-65, Straßenbahn 701, 711, 715 Venloer Straße*

**Rheinblick**
Einfaches kleines Hotel mitten in der Altstadt, daher für Nachtschwärmer zu empfehlen, die sowieso nicht viel schlafen wollen. 17 Zi. (B 3) *Mühlenstraße 15–17, Tel. 32 53 16, U-Bahnhof Heinrich-Heine-Allee*

**Wieland**
Modernes Hotel in der City, günstige Verbindungen zum Bahnhof und zur Messe. 27 Zi. (E 3) *Wielandstraße 8, Tel. 35 01 71, Straßenbahn 703, 704, 712, 713/Bus 722, 727, 737, 746 Pempelforter Straße*

**Wilke**
★ Ein nettes, plüschig-altmodisches kleines Hotel in einem ehemaligen Privathaus, das von der Besitzerin selbst geführt wird. Sehr ruhig und trotzdem verkehrsgünstig in Oberkassel gelegen. 8 Zi. (O) *Adalbertstraße 11, Tel. 57 31 89, Straßenbahn 717, U75, U76 Barbarossaplatz*

## HOTELSCHIFFE

*Etrav Cologne, Steinweg 7–11, 50667 Köln, Tel. 02 21/2 58 07 91, ab 200 Mark.*
*Regis Hotelschiff GmbH, Düsseldorfer Straße 4, Tel. 57 03 25 und 58 99 32, ab 190 Mark*

## MITWOHNZENTRALEN

Für längere Aufenthalte bieten die Mitwohnzentralen relativ günstige Möglichkeiten an. Sie vermitteln Privatwohnungen und Apartments, die zeitweise von den Vermietern nicht benutzt werden.

**1. Mitwohnzentrale**
*Charlottenstraße 1, Tel. 36 30 25*

**Mitwohn-Zentrale, Wohnraum auf Zeit**
*Hüttenstraße 52, Tel. 37 90 81, Fax 38 34 80*

## JUGENDHERBERGEN

**Düsseldorf-Oberkassel**
70 Betten, Gästehaus 210 Betten. (A 3) *Düsseldorfer Straße 1, Tel. 57 40 41, Bus 835, 836*

**Jugendhof in Neuss-Uedesheim**
77 Betten. (O) *Macherscheider Straße 113, Tel. 0 21 31/3 92 73, S8 oder S11 bis Neuss Hbf, dann Bus 851 bis Uedesheim*

**Jugendherberge in Ratingen**
116 Betten. (O) *Götschenbeck 4, Tel. 0 21 02/2 29 97, S6 bis Ratingen Ost, dann Bus 750*

MAGIC MOUNTAIN
Südsee Wellen

# Düsseldorfer Kalender

*Ob Tennis, Jazz oder Kirmes – für Unterhaltung ist das ganze Jahr gesorgt*

Die beiden Termine des Jahres, die am meisten Leute auf die Straße treiben, sind unbestritten der Karneval und die Kirmes. Wenn Sie also für Volksvergnügen dieser Art keine Ader haben, sind Februar und Juli für Sie nicht die besten Düsseldorf-Monate. Aber ansonsten kann jeder zu jeder Zeit etwas zur Unterhaltung finden. Früher war eine Attraktion ein Besuch bei Fortuna; nach langen Jahren des beständigen Niedergangs redet man jedoch von Fußball nur noch wenig. Statt dessen hat sich die ★ Eishockeymannschaft DEG (»Düsseldorfer Eislaufgemeinschaft«) selbst bei Sportignoranten einen Namen gemacht.

Die Stimmung im Eisstadion an der Brehmstraße ist bombig und für Auswärtige ein Erlebnis. Das Publikum ist wegen seiner eindeutigen Sympathiekundgebungen und bedingungslosen Unterstützung der einheimischen Mannschaft bei den Gegnern gefürchtet, über die kübelweise Hohn und Spott und Beleidigungen ausgegossen werden; rituelle Gesänge beschwören die Tagesform der DEG, zahllose Wunderkerzen zeigen an, daß man wie zu Weihnachten auf die Bescherung, auf den Sieg wartet. Anders als beim Fußball führt die aufgeheizte Atmosphäre aber nur äußerst selten zu Rangeleien oder gar Gewalttätigkeiten. Karten für das Spektakel sind in der Regel schwer zu bekommen, erst recht nicht, wenn die DEG eine besonders erfolgreiche Saison hat. Aber versuchen sollten Sie es trotzdem.

*Gleich drei Wahrzeichen der Stadt auf einen Blick: Fernmeldeturm, Rheinkniebrücke und die große Kirmes am Oberkasseler Rheinufer*

Wichtige Ereignisse im Jahr sind außerdem die *Messen*, von denen die meisten aber nur für Fachbesucher zugänglich sind, wie die *Modemessen*, die im Februar/März und im August/September stattfinden.

**Januar**

Das Riesenereignis für Wasserfreunde in aller Welt ist die ★ *boot*, die Messe rund um den Wassersport. Sie findet im letzten Drittel des Monats statt. Außerdem beginnt im Januar die *Ball-*

*saison der Karnevalisten.* Herausragendes Ereignis ist die Kürung des Prinzenpaares. Die Termine der einzelnen Veranstaltungen sind im »Monatsprogramm« und in der Tagespresse unter der Rubrik »Brauchtum« zu finden. Ende Januar/Anfang Februar *Holiday on Ice* in der Philipshalle.

**Februar**
Alles steuert auf den Höhepunkt jener Saison zu, die wegen ihrer besonderen Bedeutung im Rheinland auch »die fünfte Jahreszeit« heißt, ★ den Karneval. Am *Karnevalsdonnerstag,* Altweiberfastnacht, wird um 11.11 Uhr das Rathaus gestürmt, und die Frauen übernehmen für einen Tag das Regiment. Achtung: Keine Krawatten tragen, da sie von den wild gewordenen »Möhnen« ohne Pardon abgeschnitten werden! Von Donnerstag an wird fünf Tage nur gefeiert. Am Montag findet der große *Rosenmontagszug* statt, aber bereits am Sonntag wird über die Kö gezogen, und in den Stadtvierteln gibt es außerdem kleinere Züge. Geschäfte und Banken sind an diesen Tagen nur teilweise geöffnet, manche schließen ihre Pforten ganz. Und die Angestellten, die ausharren, sind oft verkleidet oder geschminkt, bekommen Sie also keinen Schrecken, wenn Sie ein Teufel bedient.

**April**
Auf der Rennbahn in Grafenberg wird um den *Stutenpreis der Berliner Bank* gelaufen.

**Mai**
Im Rochus-Club bewerben sich die Tennismannschaften um den *World Team Cup.* Auf der Kö gibt's den *Bücherbummel.* Von Mitte Mai bis Mitte Oktober kann man jeden Sonntag (außer in den Sommerferien) kostenlos den *Hofgartenkonzerten* im Musikpavillon an der Reitallee lauschen.

**Juni**
*Radschlägerturnier,* entweder auf der Kö oder auf dem Karlplatz. Von Juni bis August finden in den

## MARCO POLO TIPS FÜR VERANSTALTUNGEN

1. **Größte Kirmes am Rhein**
Riesen-Spektakel auf der Oberkasseler Rheinseite (Seite 79)
2. **Düsseldorfer Karneval**
Da kommen Sie aus dem »Helau« nicht mehr raus (Seite 78)
3. **Ausstellung »boot«**
Für Wasserfreunde ein Eldorado (Seite 77)
4. **Eishockey**
Nicht nur für Sportfans – ein Spiel der DEG (Seite 77)
5. **St. Martinszug**
Die Geschichte vom Teilen (Seite 79)
6. **Winterausstellung**
Moderne Künstler der Region im Kunstpalast (Seite 79)

verschiedenen Stadtteilen die *Schützenfeste* statt. Im Jahr 1993 fand zum erstenmal die *Jazz Rally* (ohne e) statt, ein Import aus Belgien. Überall, auf Straßen, in Kneipen, Hotels und Passagen, wurde Jazz in sämtlichen Variationen gespielt und gesungen. Geplant ist, daraus eine jährlich wiederkehrende Veranstaltung zu machen.

**Juli**

Die größte ★ *Kirmes* am Rhein jubelt und trubelt auf den Oberkasseler Rheinwiesen (A 3). Anlaß, das wissen aber die wenigsten, ist der Tag des hl. Apollinaris, des Schutzpartrons der Stadt Düsseldorf; seit 1392 gibt es eine Prozession zu Ehren des Heiligen, und wie im katholischen Leben üblich, etablierte sich rasch eine Kir(ch)mes(s) drumherum. Heute beginnen die Schützenbruderschaften die Kirmes mit einem Gottesdienst in St. Lambertus und tragen am Donnerstag der Festwoche in einer Prozession die Reliquien des Heiligen durch die Stadt. Spektakuläres Ende der Kirmes ist ein *Feuerwerk* am letzten Abend. Dann stehen an beiden Rheinufern und auf den Brücken die Menschen dicht an dicht und bestaunen mit Ahs und Ohs die pyrotechnischen Kunstwerke. Zusätzlich tuten die lichtergeschmückten Boote auf dem Rhein.

**Juli/August**

*Jazz* im Hofgarten. *Internationale Reitertage* in der Reitsportanlage Uhlenhof.

**September**

Eine Kunstmesse, die sich an Sammler von Graphiken und Multiples wendet, ist die *Art Multiple*. Sie bietet neben den teuren Spitzenkünstlern auch erschwingliche Stücke von Newcomern an. Auf der Kö (und auf anderen Straßen) findet der *Kö-Lauf*, ein internationaler Straßenlauf statt. Im September/Oktober kann man sich auf dem *Maler- und Töpfermarkt* auf dem Marktplatz mit Keramik eindecken.

**Oktober**

Auf der Pferderennbahn geht es einmal jährlich um den *Großen Preis von Düsseldorf*.

**November**

Eigentlich ist der Elfte der Tag des heiligen Martin, aber der ★ *St.-Martinsabend* wird schon am Zehnten des Monats gefeiert. In allen Stadtteilen ziehen die Kinder mit ihren Laternen durch die Straßen; die Eltern gehen hinterher Martinsgans essen. Der große *St. Martinszug* mit erster und zweiter Mantelteilung findet natürlich in der Altstadt statt. Am 11. ist um 11.11 Uhr auf dem Rathaus-Vorplatz *Hoppeditz' Erwachen*, d.h. der Karneval beginnt. In der Philipshalle wird ein Reitturnier um den *Grand Prix Düsseldorf* veranstaltet. Auf der Rennbahn laufen die Vierjährigen im Hauptjagdrennen.

**Dezember**

Von Ende November bis zum 23. Dezember sind in der Altstadt und am Schadowplatz *Weihnachts-* bzw. *Nikolausmärkte*. Die ★ *Große Winterausstellung im Kunstpalast* gibt einen Überblick über die aktuelle Kunst in Nordrhein-Westfalen; hier kann auch gekauft werden.

# Am Abend gehen wir aus

*An Veranstaltungen herrscht kein Mangel. Wer sich nicht vorher festlegen will, geht natürlich in die Altstadt*

Die Düsseldorfer selbst beklagen gern die Kneipensituation und vor allem den Mangel an wirklich fetzigen Diskotheken. Dabei ist die Szene auf dem Heavy- und Rocksektor immerhin so lebendig, daß sie einige bekannte Bands hervorgebracht hat, zum Beispiel *Kraftwerk, Doro Pesch* oder *Die Toten Hosen.* Wenn die Düsseldorfer über das Nachtangebot manchmal mäkeln, dann liegt das daran, daß sie einfach zu verwöhnt sind; sie nehmen im Grunde die Altstadt gar nicht mehr als etwas Besonderes wahr. Für den Besucher hören sich solche Töne eher grotesk an. Die »längste Theke der Welt« ist nach wie vor ein Markenzeichen Düsseldorfs, und wenn man will, kann man sich hier nach wie vor gut amüsieren.

Die Altstadtkneipen im Einzelnen aufzuzählen ist unmöglich, es sind einfach zu viele. Und neben den Traditionskneipen gibt es auch zahlreiche Eintagsfliegen, die schnell wieder verschwinden.

*Düsseldorfs Tonhalle am Ehrenhof war früher ein Planetarium*

Aber man sucht sich sowieso nicht eine Kneipe für die ganze Nacht aus. Ein Altstadt-Abend geht so: von einer Kneipe in die andere ziehen, hier mal reinschauen und da mal länger bleiben, zwischendurch ein Häppchen essen. Schön nah beieinander findet man das Richtige für jeden Geschmack: ziemlich rustikale, um nicht zu sagen wüste Saufkneipen, schicke Bistros, Studentenkneipen, ein paar Diskos, Neon-Plastik-Schuppen für die Jüngsten, Brauhäuser, Künstler-Cafés, ein bißchen Kleinkunst und im Sommer auch die obligaten Schnell-Porträtmaler und Zöpfchenflechter draußen auf den Straßen.

## ALTSTADTSPEZIALITÄTEN

Nur eine Mini-Auswahl, die sich auf die Kneipen konzentriert, in denen man Düsseldorfer trifft. Alle sind vom *U-Bahnhof Heinrich-Heine-Allee* zu erreichen.

### Café Schlonz

Studenten-Café, in das zu späterer Stunde auch Leute kommen, deren letztes Semester schon ein paar Jahre zurückliegt. (C3) *Mi*

## MARCO POLO TIPS FÜR DEN ABEND

**1 Dr. Jazz**
Eine Institution für Jazzfreunde (Seite 84)

**2 Kom(m)ödchen**
»Immer positiv dagegen« – bekanntestes Kabarett der Republik (Seite 85)

**3 Marionettentheater**
Poesie der besonderen Art (Seite 88)

**4 Werkstattbühne**
Ambitionierte Tanzbühne, die ständig Gruppen und Solisten aus aller Welt einlädt (Seite 88)

**5 ZAKK**
»Unbequeme« politisch-kulturelle Veranstaltungen, aber auch Schwoof (Seite 85)

*und So 12–3, Fr und Sa 12–4, sonst 12–1 Uhr, Ratinger Straße 41*

**Dä Spiegel**
Alte Kneipe mit Tradition und Atmosphäre, in der man sich unter anderem einen schönen Alt-Rausch verschaffen kann. Damen ohne männliche Begleitung werden gerne und häufig angesprochen. (B 4) *Fr und Sa 10–5, So 11 bis 1 Uhr, sonst 10–1 Uhr, Bolkerstraße 22*

**Hecker**
Freitags und samstags werden Auftritte aus den Sparten Gesang, Zauberei, Skurrilitäten und gute Travestie geboten. Außerdem ist das Essen sehr gut. Ein Ergänzungsprogramm zum üblichen Kneipentrubel. (B 3) *Di–Fr 17–1, Sa und So 10–1 Uhr, Lambertusstraße 10*

**Kreuzherreneck**
Eine Kneipe, die sich allen Modernisierungen standhaft verweigert. Die Kunststudenten haben die Fensterscheiben entworfen, und gelegentlich tritt in dem eher kleinen Raum auch eine Band auf. (B 3) *So–Do 17–1, Fr 17–5, Sa 12–5 Uhr, Alte Stadt 14*

**Weißer Bär**
Für Hartgesottene und Halbtaube ideal – die Musik ist nämlich nicht bloß laut, sondern dröhnend. Man muß und kann sich nicht unterhalten, dafür aber einiges trinken. (B 4) *Mo–Do 10–1, Fr und Sa 10–5, So 12–3 Uhr, Bolkerstraße 33*

**Zum Goldenen Einhorn**
Eigentlich nichts Besonderes, aber genau deswegen ist die, zum Teil schon ziemlich angegraute, Kulturszene immer in voller Besetzung da. (C 3) *Mo–Sa 11–1, So 18–1 Uhr, Ratinger Straße 18*

## BARS

**Bei Tino**
Gepflegte Pianobar, in der sich mittags die oft nicht mehr ganz jungen Herren von ihren Bankgeschäften erholen und abends ihre schicken Freundinnen mitbringen. (C 4) *Mo–Sa 12–3, So 17–3 Uhr, Königsallee 21, U-Bahnhof Heinrich-Heine-Allee*

### Porky's
Szenebar für die letzten Nachtschwärmer. (C4) *Tgl. 18.30–5 Uhr, Neubrückstraße 2, U-Bahnhof Heinrich-Heine-Allee*

### Trader Vic's
Polynesische Bar mit bunten und nicht gerade preiswerten Cocktails, außerdem einige exotische Speisen. (C4) *So–Do 17–2, Fr und Sa 17–3 Uhr, Theodor-Körner-Straße 1a, U-Bahnhof Heinrich-Heine-Allee*

## BIS IN DIE MORGENSTUNDEN

Einige Kneipen halten ihre Tore bis zum frühen Morgen geöffnet. Da treffen sich dann die Übriggebliebenen.

### Laternchen
Rauh und fast immer herzlich ist der Ton in der Kneipe am Oberbilker Markt, und was das Schönste ist: Man bekommt sogar morgens um halb fünf noch etwas Warmes zu essen. (F6) *Tgl. 16 bis 5 Uhr, Kölner Straße 220, Tel. 78 23 13, Straßenbahn 706, 717 Oberbilker Markt*

### Café Bernstein
Bistro für die »leichte Szene«, in dem man auch schon mal jemanden kennenlernen kann . (D 5) *In der Woche von 9–1 , aber Fr und Sa bis 5 Uhr geöffnet. Oststraße 15, U-Bahnhof Oststraße*

### Schröder
Im ersten Stock des Kö-Centers und deshalb selbstredend eher schick. Bis zum Schluß bekommt man auch etwas zu essen. (C4) *Mo–Sa 12–5, So 15–5 Uhr, Königsallee 28-30, U-Bahnhof Steinstraße/ Königsallee*

## DISKOTHEKEN

In einigen Diskos müssen Sie Eintritt bezahlen, in manchen sich vom Türsteher prüfen lassen.

### Atlantico
Auf mexikanisch gemacht: oben das Lokal, unten die Disko. Nur ziemlich junge Leute. (B4) *Di bis Do 18–1, Fr und Sa 18–3, So 18–1, Disko ab 22 Uhr, Mertensgasse 2, Tel. 32 31 90, U-Bahnhof Heinrich-Heine-Allee*

### Bagghy Disco
Wie alle anderen Bagghy Diskos in allen anderen Städten – viele sehr junge Leute. (D 5) *Mi ab 20, Do–Sa ab 22 Uhr. Graf-Adolf-Straße 87, Tel. 37 90 55, alle Linien zum Hauptbahnhof*

### Checker's
Edel-Disko, in der angeblich das Top-Model Claudia Schiffer entdeckt wurde. Daher auch die edlen Preise. (C4) *Königsallee 30, Tel. 13 48 70, U-Bahnhof Heinrich-Heine-Allee*

### Dschungel
Für Freunde von Punkrock, Metal und ähnlichen schweren Geschützen. (C4) *Neustraße 51, Tel. 32 73 59, U-Bahnhof Heinrich-Heine-Allee*

### Gold Coast
Afrikanischer Sound, des öfteren live. (F6) *Mi, Fr und Sa, Kölner Straße 298, Straßenbahn 717, Bus 722, 727, 736, Ellerstraße*

### Nachtrock
Für Leute, denen noch was anderes als Techno gefällt. (B4) *Mi 22 bis ca. 3, Sa und So 22–5 Uhr, Burgplatz 11, U-Bahnhof Heinrich-Heine-Allee*

### Ratinger Hof

Eine Altstadt-Institution. Der Hof spiegelte immer das Lebensgefühl der jeweiligen jungen Generation wieder, sowohl in der Musik, der Einrichtung als auch bei den sonstigen Genüssen; deshalb wurde er auch mal wegen massiven Drogenaufkommens eine Weile geschlossen. Mittlerweile ist die Konzession aber wieder erteilt, und es wird heftig getanzt oder blasiert geguckt. (B 3) *Mi und Fr–So 23–5 Uhr, Ratinger Straße 10, Tel. 32 87 77, U-Bahnhof Heinrich-Heine-Allee*

### Rheingold

Direkt neben dem Hauptbahnhof und daher ausgesprochen günstig für Benutzer des öffentlichen Nahverkehrs. Kabarett, Konzerte, Motto- und Homo-Parties und ganz normale Disko. (E 5) *Mi, Fr, Sa, So ab 21 Uhr. Konrad-Adenauer-Platz 14, Tel. 16 26 26, alle Linien zum Hauptbahnhof*

### Sam's West

Edel-Nightclub mit nicht zu wildem Sound; für Leute, die gern Geld ausgeben. (C 4) *Tgl. 22–4 Uhr, Königsallee 27, Tel. 32 81 71, U-Bahnhof Steinstraße/Königsallee*

### Soul Center

Gute schwarze Musik und sehr beliebt beim schwarzen Publikum. (C 4) *Tgl. außer Di 20–5 Uhr, Bolkerstraße 37, U-Bahnhof Heinrich-Heine-Allee*

### The Face

Von Acid Jazz bis Garage House. Achtung: Nichts für Klaustrophobe, hier ist's ziemlich eng. (C 4) *Neustraße 42, Tel. 32 49 51, U-Bahnhof Heinrich-Heine-Allee*

### Tor 3

In einer ehemaligen Fabrikhalle im Düsseldorfer Süden. Hier finden regelmäßig Rock-Konzerte statt; Fr von 22–5 Uhr Indie-Punk-Rock, Sa von 22–5 Dance-floor. Außerdem steht ein Techno-Raum zur Verfügung. (O) *Ronsdorfer Straße 143, Tel. 7 33 64 97, Straßenbahn U75, Bus 736*

## JAZZ, ROCK UND POP

### Bel Etage

Ist tatsächlich in der ersten Etage. Häufig Live-Auftritte vom Nachwuchs der Rock-, Pop- und Folksänger, die ihren großen Vätern nacheifern wollen – mal mit mehr, mal mit weniger Erfolg. (B 4) *Bolkerstraße 22, Tel. 32 90 82, U-Bahnhof Heinrich-Heine-Allee*

### Dr. Jazz

★ Bekannteste Jazz-Kneipe in Düsseldorf mit langer Tradition. Hier gibt's sehr häufig Live-Musik von ausgesprochen guten Gruppen. Das Dr. Jazz hat seine »Sprechstunden«, wie es am Eingang heißt, Mo–Sa 19–3 Uhr, während großer Messen auch sonntags. (B 4) *Flinger Straße 11, Tel. 32 94 63, U-Bahnhof Heinrich-Heine-Allee*

### Front Page

Nette Kneipe mit Musik im Sinatra-Stil, gelegentlich Live-Veranstaltungen. (B 4) *Mannesmannufer 9, Tel. 32 32 64, Straßenbahn 704, 709, 719*

### Purple Haze

Live-Musik oder Platten vom DJ für die Youngsters. (B 3) *Liefergasse 7, Tel. 32 82 20, U-Bahnhof Heinrich-Heine-Allee*

**ZAKK**

★ Das »Zentrum für Aktion, Kommunikation und Kultur« heißt nicht nur so, es bietet auch tatsächlich einiges auf dem Sektor: Lesungen, Diskussionsabende (die manchen Politprofi schon ins Schwitzen gebracht haben), Oldie-Nights und jede Menge Konzerte. Do ab 21 Uhr immer »Schwoof im ZAKK«, sonstige Termine im »Biograph«. (F 5) *Fichtenstraße 40, Tel. 9 73 00 10, Straßenbahn 706*

## KABARETT

Düsseldorfs einziges, dafür aber auch in der ganzen Republik bekanntes Kabarett ist das ★ *Kom(m)ödchen.* Hier sind neue Talente entdeckt worden wie Mathias Richling, aber unbestrittene Diva ist immer noch Lore Lorentz. Auch nach dem Tod ihres Mannes, der die treibende, konzeptionelle Kraft war, soll es weitergehen wie bisher. (C 3) *Kunsthalle, Tel. 32 54 28, U-Bahnhof Heinrich-Heine-Allee*

## KÄUFLICHE LIEBE

Zur mittleren bis gehobenen Klasse zählen die Häuser auf der *Rethelstraße 73, 75 und 77.* (E 2) Am billigsten ist es auf der Meile *Hinter dem Bahndamm.* (D 6) Wenn Sie ihr eigenes Auto benutzen wollen, sollten Sie zur *Fährstraße* fahren (O). Für gleichgeschlechtliche Kontakte unter Herren ist die Gegend um *Hauptbahnhof, Bismarckstraße, Charlottenstraße* ergiebig. (D 5–E 6). Einige Saunaclubs und »Bäder« liegen außerhalb Düsseldorfs, z. B. in Korschenbroich. Taxifahrer sowie die Anzeigen in den einschlägigen Rubriken der Boulevardzeitungen »Bild« und »Express« geben genaue und aktuelle Auskünfte.

## KINDERTHEATER

Die Veranstaltungen finden in der Regel nicht abends, sondern vor- und nachmittags statt. Neben den speziellen Kindertheatern bieten häufig auch die »Erwachsenen«-Bühnen Kindervorstellungen an.
*Kinder- und Jugendtheater,* (O) *Münsterstraße 446, Tel. 61 26 86, Straßenbahn 701;*
*Puppentheater an der Helmholtzstraße,* (D 6) *Helmholtzstraße 38, Tel. 32 24 01, Straßenbahn 707, 708, 715;*
*Theateratelier Takelgarn & Co,* (D 6) *Philipp-Reis-Straße 10, Telefon 37 68 33/31 29 93, Straßenbahn 707, 708 Fürstenplatz.*

## KINOS

Besonders aufregend ist die Kinolandschaft in Düsseldorf nicht, immerhin gibt es drei Programmkinos sowie ein kommunales Kino. Wie heutzutage üblich, sind in den Konzern-Kinos die einstmals großen Säle in kleine bis winzige Räume unterteilt worden, die Leinwände in letzteren übertreffen nur unwesentlich die Größe heimischer Mattscheiben. *Die Programme wechseln donnerstags.* Ankündigungen in der Tagespresse sowie von den Programmkinos im »Biograph«, der kostenlos in verschiedenen Kulturinstituten, Kneipen und den Programmkinos ausliegt. *Die automatische Kinoansage der Telekom ist unter 1 15 11 zu hören.*

**Bambi-Filmstudio**
Schönes altes Programmkino mit zwei Sälen, in denen tgl. zwei Hauptfilme sowie verschiedene Sonder- und Spätprogramme laufen. (D4) *Klosterstraße 78, Tel. 35 36 35, Straßenbahn 707*

**Black Box**
Das kommunale Kino Düsseldorfs, im Gebäude des Filmmuseums. Das bürgt für Qualität. Prunkstück ist übrigens die alte Stummfilmorgel, die bei passenden, leider seltenen Gelegenheiten eingesetzt wird. Das Programm ist nicht in der Ansage der Telekom enthalten. (B4). *Vorbestellungen Tel. 8 99–24 90, Spielplan Tel. 8 99-37 64, Schulstraße 4, Straßenbahn 703, 706, 712, 713, 715 Benrather Straße*

**Europa**
In der Nähe vom Bahnhof. In den sechs Kinos werden fast nur die Kassenschlager gezeigt, Super-Renner laufen bisweilen in zwei Sälen gleichzeitig. (D 5) *Graf-Adolf-Straße 108, Tel. 35 41 61, alle Linien zum Hauptbahnhof*

**Lichtburg**
(C4) *Königsallee 40, Tel. 32 57 07, U-Bahnhof Steinstraße/Königsallee*

**Metropol**
Das einzige Stadtteilkino, das es noch in Düsseldorf gibt – in Bilk, und damit immer noch nah an der Innenstadt. Auf der Großbildwand des Programmkinos können auch 70-mm-Klassiker richtig genossen werden. Die Programme des Metropol werden nicht in der automatischen Kino-Ansage der Telekom angekündigt; in der Tageszeitung oder im »Biograph« nachsehen oder direkt anrufen. (O) *Brunnenstraße 20, Tel. 34 97 09, Straßenbahn 706, 707, 712, 713/S8, S11 S-Bahnhof Bilk*

**Neues Cinema**
Programmkino mit großem Saal, mitten in der Altstadt. (B4) *Schneider-Wibbel-Gasse 5, Tel. 13 13 74, U-Bahnhof Heinrich-Heine-Allee*

**Neues Rex**
Hier laufen viele Filme in der englischen Originalversion. (D 5) *Friedrich-Ebert-Straße 59, Tel. 3 65 00 00, alle Linien zum Hauptbahnhof*

**Savoy**
Die aktuellen Renner. (D5) *Graf-Adolf-Straße 47, Tel. 37 70 00, Straßenbahn 701, 709, 714, 715, 719 Berliner Allee*

**Ufa-Berolina**
(C4) *Berliner Allee 46, Tel. 32 71 04, Straßenbahn 701, 709, 714, 715, 719 Berliner Allee*

**Ufa-Residenz**
Fünf Kinos in einem. (C 5) *Graf-Adolf-Straße 20, Tel. 32 26 90, Straßenbahn 701, 715 Berliner Allee/ Straßenbahn 709, 719 Graf-Adolf-Platz*

**Ufa-Universum**
(C5) *Berliner Allee 59, Tel. 32 66 55, Straßenbahn 701, 715 Berliner Allee/Straßenbahn 709, 719 Graf-Adolf-Platz*

## KONZERTE

Düsseldorf hat mit seinen Symphonikern ein ausgezeichnetes Ensemble. Belebt wird die Szene außerdem durch die Orchester und verschiedenen Talente der *Robert-Schumann-Musikhochschule* sowie der *Clara-Schumann-Musikschule.*

**Kirchenkonzerte**
Verschiedene Kirchen bieten, verstärkt zu den liturgischen Höhepunkten des Jahres, ein anspruchsvolles Konzertprogramm auch moderner Kirchenmusik. Termine in der Tagespresse.

**Palais Wittgenstein**
Im Palais Wittgenstein hat man häufig Gelegenheit, Konzert-Examen von Absolventen der Musikhochschule zu hören; auch Kammerkonzerte. Termine im »Biograph« und in der Tagespresse. (B4) *Bilker Straße 7–9, Straßenbahn 703, 706, 712, 714, 715 Benrather Straße oder Straßenbahn 704, 709, 719 Poststraße*

**Robert-Schumann-Saal**
Überwiegend klassische Konzerte, aber bisweilen auch ein Popstar oder eine Travestieshow. (B2) *Ehrenhof 4, Tel. 8 99 61 82, Straßenbahn 717, U70, U75, U76 Tonhalle*

**Tonhalle**
Von Klassik bis Pop wird hier alles geboten. In der Rotunde im Foyer finden Dichterlesungen oder Diskussionsveranstaltungen statt. Nur der Stern auf dem Kuppeldach erinnert noch daran, daß die Tonhalle früher ein Planetarium war. (B3) *Ehrenhof 1, Tel. 8 99 61 23, Straßenbahn 717, U70, U75, U76*

## OPER UND TANZ

**Deutsche Oper am Rhein**
Die Städte Düsseldorf und Duisburg unterhalten diese Oper gemeinsam, um Kosten zu sparen und dabei gleichzeitig ein aufwendigeres Programm anbieten zu können, als es für eine Stadt allein möglich wäre. Hier werden Opern, Operetten, Musicals und Balletts aufgeführt. (C3) *Heinrich-Heine-Allee 16a, Tel. 8 90 82 11, U-Bahnhof Heinrich-Heine-Allee*

*»Die Zauberflöte« im Marionettentheater im Palais Wittgenstein*

## Die Marco Polo Bitte

Marco Polo war der erste Weltreisende. Er reiste in friedlicher Absicht, verband Ost und West. Er wollte die Welt entdecken, fremde Kulturen kennenlernen, nicht zerstören. Könnte er für uns Reisende des 20. Jahrhunderts nicht Vorbild sein? Aufgeschlossen und friedlich sollte unsere Haltung auf Reisen sein. Dazu gehören auch Respekt vor Mensch und Tier und die Bewahrung der Umwelt.

WWF

**Werkstattbühne**

★ Hier wird experimentelles Tanztheater gezeigt, darunter auch viele internationale Gruppen und Solisten. (E 3) *Börnestraße 10, Tel. 36 03 91, Straßenbahn 703, 704, 712, 713/Bus 727 Pempelforter Straße*

## THEATER, BÜHNEN

Es gibt nicht sehr viele Theater in Düsseldorf, die ein eigenes Ensemble unterhalten; mit den Bühnen, die Inszenierungen von freien Gruppen oder auswärtigen Theatern einladen, kommt aber doch einiges zusammen. Im Sommer, meist bis Mitte September, sind Theaterferien; die privaten Theater spielen jedoch häufig weiter.

**JuTa**

Das Junge Theater in der Altstadt zeigt Theater-Experimente, Performances, Satiren und Kabaretts. (C 4) *Kasernenstraße 6, Tel. 32 72 10, U-Bahnhof Heinrich-Heine-Allee*

**Kammerspiele**

Ambitioniertes Progamm, gelegentlich auch mal ein Musical. (C 5) *Jahnstraße 3, Tel. 37 83 53, Straßenbahn 701, 709, 711, 715, 719 Berliner Allee*

**Komödie**

Gut gemachtes Boulevardtheater. (C 4) *Steinstraße 23, Tel. 32 51 51, U-Bahnhof Steinstraße / Königsallee*

**Marionettentheater**

★ Sehr schön inszenierte Opern und Märchen. (B 4) *Bilker Straße 7 (Palais Wittgenstein), Tel. 32 84 32, Straßenbahn 703, 706, 712, 713, 715 Benrather Straße oder Straßenbahn 704, 709, 719 Poststraße*

**Schauspielhaus**

Das offizielle und manchmal etwas schwerblütige Düsseldorfer Theater, mit zwei Häusern. Sonntags häufig Matineen. (D3) *Gustaf-Gründgens-Platz 1, Tel. 36 99 11, Straßenbahn 701, 703, 706, 711, 712, 715 Jan-Wellem-Platz*

**Theaterhaus**

Freches junges Theater, das aus wenig viel macht, auch Revuen und Kabaretts. (D 2) *Prinz-Georg-Straße 80, Tel. 8 99-81 96, Straßenbahn 704, 706 Stockkampstraße/ Bus 727 Prinz-Georg-Straße*

**Theater an der Luegallee**

Hübsches Theater in Oberkassel, das mit viel Witz hintergründige Komödien spielt. (A 3) *Luegallee 4 (Eingang Burggrafenstraße), Tel. 57 22 22, Straßenbahn 717, U70, U75, U76 Luegplatz*

# Von Auskunft bis Veranstaltungskalender

*Tips und Hinweise nicht für alle, aber auf Reisen häufig vorkommende große und kleine Fragen und Probleme*

## AUSKUNFT VOR DER REISE

Der Verkehrsverein hat in Düsseldorf zwei Geschäftsstellen: Eine am (E 5) *Konrad-Adenauer-Platz, direkt gegenüber dem Hauptbahnhof, Tel. 35 05 05;* hier gibt es auch den Zimmernachweis, *Tel. 17 20 20.* Die andere befindet sich an der (C 4) *Heinrich-Heine-Allee 24, 40213 Düsseldorf, Tel. 8 99-23 46, U-Bahnhof Heinrich-Heine-Allee.*

Auch das Werbeamt der Stadt erteilt touristische Auskünfte und informiert beispielsweise über besondere Wochenendangebote. (C3) *Mühlenstraße 29, Tel. 8 99-38 20, U-Bahnhof Heinrich-Heine-Allee*

## AUSKUNFT IN DÜSSELDORF

ADAC: Pannenhilfe rund um die Uhr *Tel. 01 30-81 92 11;* Geschäftsstellen (O) *Kaiserswerther Straße 207, Oststraße 49; Information Tel. 3 10 93-33*

Bundesbahn: Reiseauskunft *tgl. 6–23 Uhr, Tel. 1 94 19.* Flughafen: *Tel. 4 21-0*

## BABYSITTER

Studentenvermittlung des Arbeitsamtes, *Mo–Do 8–15.30, Fr 8–12.30 Uhr, Tel. 9 18 12 60/61*

## BANKEN-GELDWECHSEL

Die Banken haben *Mo–Fr von 9–16 Uhr* geöffnet, *Do bis 18 Uhr.* In den Zentralen oder den großen Zweigstellen in der City wird mittags nicht geschlossen, sonst ist *zwischen 13 und 14 oder 15 Uhr* zu. Außerhalb der üblichen Bankzeiten kann man im (E 5) *Hauptbahnhof oder der DVK-Bank* Geld holen oder wechseln, *tgl. 7–21 Uhr.* Eine weitere Möglichkeit gibt es im (O) *Flughafen, tgl. 6.15 bis 22 Uhr.*

## FRISEUR

Mo haben nahezu alle Salons geschlossen. Bei den großen Friseuren in der Innenstadt müssen Sie für einen Haarschnitt ohne Extras ca. 80 Mark bezahlen.

Junge, Kö-Center, (C 4) *Königsallee 28-30, Tel. 32 70 11*

Jacques Dessange, (C4) *Heinrich-Heine-Allee 37, Tel. 32 60 23*
Csendes & Stephany, (C4) *Hohe Straße 50, Tel. 32 52 14*

## FUNDBÜRO

Rheinbahn: *Tel. 5 82 14 69*
Städtisches Fundbüro:
*Tel. 8 99-32 85*
Taxi: *Tel. 77 76-26*

## KARTENVORVERKAUF

Enterprise, (D4) *Oststraße 119, Tel. 32 95 96*
Hitsville im Megastore, (C4) *Bolkerstraße 60, Tel. 8 43 79*
Kartenservice Sültenfuß, (O) *Kaiserswerther Straße 411, Tel. 43 35 58*
Konzertkasse Fratz, (C2) *Kaiserstraße 21, Tel. 49 33 13*
Konzertkasse der Philipshalle, (O) *Siegburger Straße 15, Tel. 77 50 57*
Konzert-Theater-Kasse Heinersdorff, (C 4) *Flingerpassage (Im U-Bahnhof Heinrich-Heine-Allee), Tel. 32 91 91*
Theaterkasse im Hause Karstadt, (D3) *Schadowstraße 93, Tel. 3 68 63 63*
Verkehrsverein, (E5) *Konrad-Adenauer-Platz, Tel. 35 05 05*
WOM, (D4) *Schadowstraße 70, Tel. 3 61 30 61*

## LEIHGARDEROBE

In Düsseldorf kann man bisweilen von einer großen Einladung überrascht werden; falls man nichts Neues kaufen möchte, sind Leihgarderoben die einfache und preiswerte Möglichkeit, eine gute Figur zu machen. Meistens kann man die Kleider für ein Wochenende behalten.

**Check-out**
Cocktail- und Abendkleider von großen Designern. Ca. 180 Mark. (D 1) *Blücherstraße 24, Tel. 44 45 44*

**Mae's**
Abendgarderoben von bekannten Namen. Ab ca. 150 Mark: (O) *Cheruskerstraße 56, Tel. 58 83 49*

## MITFAHRZENTRALEN

Mitfahrzentrale am Hauptbahnhof, (E 5) *Konrad-Adenauer-Platz 13, Tel. 37 60 81*
Mitfahrzentrale ABC-Reisen, (E 4) *Kurfürstenstraße 30, Tel. 36 01 15*
Mitfahrzentrale Sack und Pack, (O) *Aachener Straße 10, Tel. 34 62 18*

## NACH LADENSCHLUSS

Bücher und Zeitschriften in zwei Buchläden im (E 5) *Hauptbahnhof, Mo–Sa 7–21, So 8–21 Uhr.*

Ebenfalls im *Hauptbahnhof* bietet die »Markthalle« an verschiedenen Ständen weitaus mehr als den üblichen Reiseproviant an: Obst und Gemüse, frische Säfte, Wurst und Käse, Backwaren, Getränke und italienische warme und kalte Speisen zum Mitnehmen oder direkten Verzehr. *Tgl. 7–22 Uhr*

## NOTARZT UND NOTRUF

Apothekennotdienst: *Tel. 1 15 00*
Ärztlicher Notdienst: *Tel. 1 92 92*
In der Zeit von *16–24 Uhr* kann man auch die Ärztliche Notfall-Praxis in der (O) *Erkrather Straße 347* aufsuchen; sieben Ärzte verschiedener Fachrichtungen ste-

hen hier zur Verfügung, *Straßenbahn 707.*
Bürgertelefon (Hinweise auf besondere Gefahrenlagen): *Tel. 8 99-38 38*
Feuerwehr: *Tel. 112*
Polizei: *Tel. 110*
Polizeipräsidium: (B 6) *Jürgensplatz 5, Tel. 8 70-0, Straßenbahn 709, 719*

## ÖFFENTLICHE VERKEHRSMITTEL

Die Düsseldorfer Rheinische Bahngesellschaft, kurz Rheinbahn genannt, gehört zum Verkehrsverbund Rhein-Ruhr. Das heißt, Sie können mit hier gelösten Fahrscheinen auch bestimmte Züge der Bundesbahn sowie die Öffentlichen Verkehrsmittel der anderen Städte im Rhein-Ruhr-Gebiet benutzen. Das regionale Tarifsystem ist aber nicht ganz einfach zu durchschauen, deshalb sollten Sie vor dem Lösen einer Fahrkarte besser einen Fachmann oder eine Fachfrau von der Rheinbahn fragen. Die Rheinbahn gibt auch telefonisch Auskünfte zu Fahrplänen und Tarifen, *Tel. 5 82 82.* Das größte Kundenzentrum befindet sich im (C 4) *U-Bahnhof Heinrich-Heine-Allee, geöffnet Mo bis Fr 7.30–18.30, Sa 9–14 Uhr.*

Die meisten innerstädtischen Linien verkehren tagsüber im 10-Minuten-Takt, von 5–24 Uhr. Spätnachts gibt es auf einigen Linien spezielle Nachtbummler-Angebote, ebenso zu speziellen Festivitäten wie etwa Karneval.

An den meisten Haltestellen stehen Automaten, aus denen Sie ihr Ticket vor der Fahrt lösen können; in der Bahn oder dem Bus müssen Sie es entwerten, d. h. in den orangefarbenen Kästen abstempeln. Wenn Sie dagegen die S-Bahn oder einen Regionalzug benutzen, müssen Sie das Ticket bereits am Zugang zum Bahnsteig abstempeln. Tickets bekommen Sie außer an den Automaten oder Vorverkaufsstellen auch an vielen Kiosken oder in Schreibwarengeschäften. Auch die Fahrer verkaufen Fahrscheine, nicht jedoch die Fahrer in U-Bahnlinien.

Im wesentlichen gilt im Stadtgebiet der Tarif A oder der Kurzstreckentarif. Ein Einzelfahrschein kostet hier 2,70 bzw. 1,60 Mark. Günstiger ist ein Viererticket für 7,50 bzw. 4,40 Mark. Für mehrere Personen ist das Tagesticket zu 7,70 Mark vorteilhaft, damit können bis zu fünf Personen beliebig häufig fahren.

In Düsseldorf wird erst seit einigen Jahren an einem U-Bahnnetz gebaut, bisher sind stolze sechs Haltestellen auf der Strecke fertig, die vom Hauptbahnhof Richtung Norden geht. Daher gibt es einige Linien, die ein U vor der Nummer haben, aber tatsächlich nur auf dieser kurzen Strecke unterirdisch sind.

Für Nachtschwärmer gibt's übrigens einen besonderen Service: Der Straßenbahn- oder Busfahrer ruft über Funk ein Taxi, das an ihrer Haltestelle wartet.

## PRESSE UND RUNDFUNK

Es gibt drei Tageszeitungen in Düsseldorf, die »Rheinische Post«, die »Westdeutsche Allgemeine Zeitung«, kurz WAZ, und die NRZ, die »Neue Rhein-Zeitung«. Die »Rheinische Post« ist die größte der drei. Hinzu kommen die Boulevardblätter »Bild« und »Express«. Der WDR sendet

5 Programme; WDR 2, die aktuelle und überregionale Schiene, ist auf *UKW 96,65 MHz* zu empfangen. Neben anderen Privatsendern gibt es noch Antenne Düsseldorf auf *UKW 104,2* MHz, die Stadtnachrichten und -informationen flott präsentiert.

## SPORT UND FITNESS

### Eisstadion

Von *Anfang August bis Mitte März* können Sie im Eisstadion ihre Figuren drehen; Schlittschuhe gibt es auch leihweise. Öffnungszeiten unter *Tel. 62 71 01,* (F1) *Brehmstraße 27, Straßenbahn 708 Grunerstraße*

### Golfplatz für alle

Deutschlands erster öffentlicher Golfplatz für jedermann. 9 Löcher, Equipment kann geliehen werden. *Von Anfang März bis Mitte Dezember tgl. von 8 Uhr bis Einbruch der Dunkelheit, am Wochenende ab 7 Uhr.* Für 18 Löcher 20 Mark. (O) *Auf der Lausward (Hafen), Tel. 39 65 98, Bus 834*

### Kö Thermen

Über den Dächern der Kö-Galerie können sie schwimmen, schwitzen und strampeln. Tageskarte 29, Vormittagskarte 20 Mark. Im Kosmetik-Institut können Sie sich danach wieder herrichten lassen. (C4) *Königsallee 60, Tel. 32 32 20, U-Bahnhof Steinstraße/Königsallee*

### Rheinstadion

»Sport für jedermann«, z.B. Volley- und Basketball, Gymnastik, Konditionstraining, Jogging und vieles mehr. Tennis von ca. April bis Oktober. (O) *Tel. 8 99 52 16, Europaplatz 5, U78*

## STADTRUNDFAHRTEN

Rundfahrt des Verkehrsvereins: Abfahrt an der (C4) *Kö-Brücke, Verlängerung der Steinstraße, um 11 und um 14.30 Uhr,* am (E5) *Hauptbahnhof/Eingang Paketpost um 11.15 und um 14.45 Uhr.* Dauer ca. zwei Stunden; mit Auffahrt auf den Rheinturm, im Sommer mit Bootsfahrt. Kosten: Erwachsene 21 Mark (im Sommer 25 Mark), Kinder 12 Mark. Voranmeldung nur bei größeren Gruppen erforderlich, *Tel. 1 72 02 14.* Gruppenermäßigung möglich. Taxi-Stadtrundfahrt: Speziell ausgebildete Fahrer zeigen die Stadt. Bis zu vier Personen pro Wagen; ca. 95 Mark für 1 1/2 Stunden, *Tel. 3 33 33.*

Historische Stadtrundfahrt in alten Straßenbahnen mit der Rheinbahn: im Winter zweimal im Monat, im Sommer zweimal in der Woche. Termine beim Rheinbahn-Kundencenter im (C4) *U-Bahnhof Heinrich-Heine-Allee, Tel. 5 82 14 82.*

Eine Schiffsausflugslinie verkehrt zwischen Landtag/Rheinturm und Kaiserswerth. *Mai, Juni, Sept. tgl., April und Okt. Mi, Sa, So und Feiertage.* Auskunft beim Rheinbahn-Kundencenter, (C4) *U-Bahnhof Heinrich-Heine-Allee, Tel. 5 82 14 72* und bei der Zentrale, *Tel. 5 82 28.*

Ausflüge und Sonderveranstaltungen auf dem Rhein mit der Weißen Flotte: *Telefonische Fahrplan-Auskunft tgl. von 6.30–20.30 Uhr unter 5 82 28; Vorverkauf bei RheinTourist; Graf-Adolf-Platz 5, Tel. 37 50 20.*

## TAXI

*Tel. 3 33 33 oder 1 94 10*

## TELEFONIEREN UND POST

Wie in den meisten Großstädten ist es empfehlenswert, eine Telefonkarte für öffentliche Telefonzellen zu haben; man findet eher eine freie Zelle.

Die Stadtteil-Postämter schließen um *18 Uhr.* Die Post im (E 5) *Bahnhof (Nähe Ostausgang/Bertha-von-Suttner-Platz)* hat *Mo–Fr 7–20, Sa und So 12–20 Uhr* geöffnet, das Postamt am (E 5) *Konrad-Adenauer-Platz 1 Mo–Fr 8–20, Sa 9 bis 14, So 12–14 Uhr.*

## VERANSTALTUNGSKALENDER

Die Stadt gibt das »Offizielle Monatsprogamm« heraus, in dem Kunst- und Kulturtermine bekanntgegeben werden. Erhältlich im Verkehrsverein und in zahlreichen Vorverkaufsstellen sowie Buchhandlungen für 3,40 Mark. Einige Termine mehr sind im Stadtmagazin »Überblick« aufgeführt. Es erscheint monatlich und kostet 4 Mark. Viele Termine und Szenenachrichten bietet auch »Prinz«. Im »Biograph«, einem kostenlosen und in Kneipen und anderen öffentlichen Orten ausliegenden Heft, stellen sich die Programmkinos, Theater- und Szene-Veranstalter vor.

Vierteljährlich erscheint als großes Faltblatt ein Kunst- und Galeriekalender der Städte Düsseldorf und Köln, der alle aktuellen Ausstellungen auflistet.

## WETTER IN DÜSSELDORF

*Die monatlichen Durchschnittswerte im Überblick*

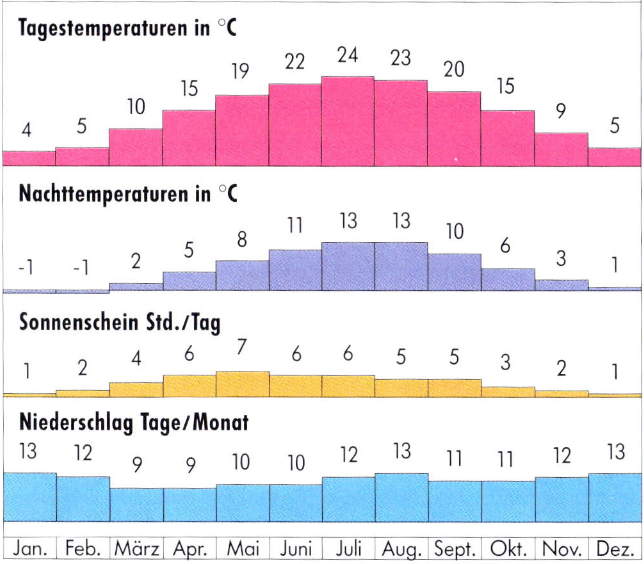

# Bloß nicht!

*Ein paar Worte zu den Dingen, die Sie wissen und gegebenenfalls bleiben lassen sollten*

**Lobende Worte über Köln**
Zwar ist die viel beschworene Konkurrenzsituation zwischen Köln und Düsseldorf auch zum guten Teil eine gern erzählte Legende, aber es gibt einen realen Kern (so hat Köln Düsseldorf den Rang als Kunst- und Galeriestadt abgelaufen), und als Besucher sollten Sie nicht mutwillig daran rühren. Also erzählen Sie keinem Düsseldorfer von den Schönheiten Kölns, er könnte böse bis rabiat werden.

**Vornehme Zurückhaltung üben**
Gemeint ist nicht, was Sie jetzt denken. In Düsseldorf gilt jene Zurückhaltung, mit der man in anderen Ländern oder Städten gut fährt, nur bedingt. Wenn Sie in der Kneipe neben einem waschechten Düsseldorfer stehen, können Sie ruhig ein wenig mehr aus sich herausgehen als sonst. Sie können sogar dick auftragen, aber dann muß es gut gemacht sein.

**Sich mit dem Köbes anlegen**
Die Köbesse, so heißen die Kellner in den Brauhäusern, sind immer sehr fix, aber in der Regel derb bis unfreundlich. Das ist nicht persönlich gegen Sie gerichtet, die sind einfach so. Beschweren hilft im übrigen gar nicht, verschlimmert die Angelegenheit nur. Versuchen Sie's mit einem Bier für den Köbes auf Ihre Rechnung (in der Regel ein Bierdeckel), dann läuft es besser.

**An Karneval nicht feiern wollen**
Wenn Sie Vorbehalte gegen Karneval haben, dann sollten Sie während der tollen Tage, d. h. von Donnerstag (Altweiberfastnacht) bis Mittwoch (Aschermittwoch), lieber zu Hause bleiben. Sich in Düsseldorf aus dem Trubel herauszuhalten ist einfach zu mühsam. In fast sämtlichen Kneipen, auch wenn sie auf den ersten Blick gar nicht danach aussehen, wird heftig Karneval gefeiert. Und ansonsten geht gar nichts: Museen und Geschäfte haben nur stark eingeschränkte Öffnungszeiten und sind am Rosenmontag meistens ganz zu.

**Nachts den Bahnhof erkunden**
Wenn Sie spätabends ankommen oder in den Bahnhofsläden noch etwas besorgen wollen, sollten Sie sich nur im Hauptgang bewegen und möglichst den Ausgang Konrad-Adenauer-Platz benutzten. Der Seitengang ist dunkel und wenig belebt; Frauen müssen da besonders aufpassen. Dasselbe gilt für die verschiedenen Parks. Dort tummeln sich neben den Liebespärchen auch allerlei zwielichtige Gestalten.

*In diesem Register finden Sie alle Sehenswürdigkeiten, Museen, Restaurants und Hotels*

## Sehenswürdigkeiten



## Museen



## Restaurants



## Hotels

# Was bekomme ich für mein Geld?

Ein Alt, die Währung für die Altstadt und die Bierhäuser, ist ca. 2,30 Mark wert. Cocktails in den Nobelschuppen kosten zwischen 10 und 25 Mark. Ein Glas Wein zum Essen zwischen 5 und 12 Mark. Das passende Essen zum Wein zwischen 20 und 50 Mark; wenn's teurer wird, werden Sie wahrscheinlich sowieso eine Flasche bestellen. Die Menüs in den guten bis sehr guten Restaurants liegen bei 80 bis 150 Mark. Eine »Pizza auf die Hand«, z. B. in der Altstadt, ist da schon günstiger: ca. 5 Mark. Ein Stück Torte und der dazugehörende Kaffee wird Sie in einem guten Café in der Innenstadt mindestens 6 Mark kosten.

Der Eintritt in eine Disko sollte Ihnen zwischen 10 und 15 Mark wert sein; eine Kinokarte 10 Mark; Oper und Schauspiel sind etwas teurer, schließlich ist es ja auch live, und das kostet ab ca. 20 Mark aufwärts. Klassische Konzerte in der Tonhalle, vor allem mit berühmten Solisten, können bis zu 120 Mark kosten. Pop- und Rockkonzerte kann man für ca. 30 Mark erleben, für Großveranstaltungen mit international bekannten Stars zahlt man ca. 70 Mark. Der Eintritt in eine Sonderausstellung der Kunstsammlung wird für 10 Mark gewährt; ins Stadtmuseum darf man schon für 4 Mark.

Ein Friseurbesuch kostet für die Damen 60–80 Mark, ohne Extravaganzen wie Dauerwellen oder Färben.

Das Taxi kostet 3,40 Grundgebühr; wenn Sie es telefonisch bestellen und nicht auf der Straße anhalten, kommen noch einmal 50 Pfennig dazu. Pro Kilometer addieren sich dann 2,20, nach 22 Uhr und an Sonn- und Feiertagen 2,40 Mark dazu.

Für ein Einzelticket der Rheinbahn bezahlen Sie 2,70, fürs Viererticket 7,50 Mark. Schwarzfahren ist mit 60 Mark Strafe auch nicht mehr so günstig wie früher.

Lebensmittel kosten nicht mehr und nicht weniger als in anderen deutschen Großstädten. Der Markt auf dem Karlplatz ist deutlich teurer als die Obst- und Gemüseabteilungen in den Supermärkten; dafür gibt es dort allerdings zu (fast) jeder Jahreszeit die ausgefallensten Früchte.

*In Düsseldorfs beliebtestem Museum findet das meiste im Wasser statt*